Costanza Lunardi

La verità dei luoghi

edizioni
PONTEGOBBO

In copertina: acquerello, 2011 di **Fulvio Testa**

Edizioni Pontegobbo
Loc. Moglia, 4-29022 Bobbio (PC)
tel. 0523.960178
Via Cattaneo, 110-41100 Modena
telefax 059.353386
info@edizionipontegobbo.com
www.edizionipontegobbo.com

Prefazione

Territorio da governare e valorizzare, ambiente da difendere nella sua preziosa trama di vite vegetali e animali, panorama da godere e da fissare in fotografia, luogo in cui storia, natura e cultura nel tempo si sono così fortemente sedimentate da costituire il fedele ritratto di un popolo, del suo modo di vivere, lavorare, produrre, comunicare... Il paesaggio è tutto questo, una realtà complessa, che si presta a molteplici interpretazioni a seconda dello sguardo, attento, distratto, interessato, appassionato..., che gli dedichiamo. Uno sguardo filtrato da esperienze emotive che indelebilmente ci hanno segnato e che del paesaggio ci restituiscono un'immagine del tutto personale e privata.

Ci sono luoghi che non solo ci piacciono, in cui prediligiamo stare, ma con i quali abbiamo un rapporto così sintonico da sentire il bisogno di tornarci, e di tornarci ancora, paesaggi dell'anima che spesso coincidono con la terra in cui siamo nati e i cui odori, suoni, colori e umori sono scritti dentro di noi in un imprinting incancellabile. "I luoghi ci accompagnano. Non li abitiamo come contenitori", scrive Costanza Lunardi, "ma ne assumiamo le forme costruendo la nostra vita emotiva in un comune respiro, entrambi segnati dalle reciproche tracce, nel bene e nel male".

Se questo è vero per noi che attraversiamo maldestri e confusi lo scampolo di mondo in cui ci è dato vivere, ancora di più lo è per scrittori e poeti, per i quali i luoghi non sono semplice materia descrittiva: "Raccontarli non è un fatto geografico", scrive ancora Costanza, "ma un'intersecazione profonda dell'io che si riflette in essi come nello specchio dell'autocoscienza, un modo trasversale di parlare di sé evitando, forse per una forma di sottile e signorile pudore, l'identificazione con un protagonista diretto".

Proprio i luoghi dell'anima di scrittori e poeti da sempre sono al centro dell'interesse di Costanza Lunardi che ne ha fatto oggetto di appassionata ricerca, sostanziata da incontri personali con alcuni dei più importanti protagonisti della cultura italiana, che ci racconta in questo libro. Incontri avvenuti nel corso degli anni e che, proprio grazie alla distanza temporale, si rivelano ora temprati da lungimiranza intuitiva, restituendoci l'immediata freschezza del colloquio personale da un lato e lo spessore senza epoca della creazione letteraria dall'altro.

Pagina dopo pagina, Costanza ci guida in un itinerario affascinante e immaginifico, percorrendo il quale incontreremo: Lalla Romano nella natia Valle Stura, in Piemonte, tra severe montagne immerse in quell'inconfondibile aria *"dall'odore leggero che sa di latte, di strame, di erbe amare";* Francesco Biamonti nell'entroterra ligure, in *"...un paesaggio scosceso, senza pace, così posseduto dal mare...";* Luigi Malerba nel suo giardino straripante di rose sulle colline che si affacciano su Orvieto; Vincenzo Consolo nei boschi profumati di lecci e cerri che ammantano i monti Nebrodi in Sicilia, e poi Sebastiano Vassalli, Alda Merini, Dacia Maraini, Claudio Magris e molti altri ancora. Buona lettura, dunque, e buon viaggio.

Eliana Ferioli

I

Andrea Zanzotto - La simbiosi del luogo

Si chiamava la Piave prima della guerra del 1915-'18: la canzone ne cambiò il sesso. Qui sulla riva sinistra, rivolti alla sua prospettiva amazzonica, viene da pensare alla femminilità del fiume che offre allo sguardo una calma di pianura, una mobilità magnetica di acque increspate quel tanto da farne intuire il movimento e illusoriamente farlo apparire come un lago, nelle lame attraversate dal bianco accecante delle isole di sassi emerse in seguito al suo dimagrimento.
Esaltato da una luce metafisica e vibrante, il paesaggio assume contorni sublimi e familiari, una sintesi pittorica tra il silenzio sospeso della *Tempesta* di Giorgione e l'atmosfera domestica di Cima da Conegliano. Dove il Soligo, di un azzurro genesiaco, sbuca nel Piave, forma una conca a ridosso della riva, "come se non sapesse dove andare" osserva Andrea Zanzotto.
"Da ragazzi si passava sulla riva destra del Piave mettendo la bicicletta sulla barca e dalle rive si giocava con le *sguelze*" (sassi piatti che, lanciati, saltano sull'acqua). Il celebrato poeta, tradotto in Europa e in America, si muove con confidenza e intimità nel bosco di brughiera aggrovigliato di alberi sani e sterpaglie di rami spezzati che accompagna il corso del fiume. Lungo il sentiero le pozzanghere gelate sono accolte come "segno necessario dell'inverno" che anima il suo attento, meticoloso divagare sui sacri temi della meteorologia.
Insignito di innumerevoli premi e riconoscimenti, a partire dal mitico *San Babila-Milano* che una giuria composta da Ungaretti, Montale, Quasimodo, Sinisgalli e Sereni gli assegnò nel 1950, Andrea Zanzotto preferisce l'appartato vivere di Pieve di Soligo, dove è nato, alla destabilizzazione dei viaggi e degli spostamenti.
"Pur in contatto con l'internazionalità della cultura, mi sono fissato lì muovendomi restando: in un certo senso vegetalizzarsi al di fuori di ogni botanica, e mineralizzarsi al di fuori di ogni mineralogia o geologia".
I temi venuti da queste scelte sono stati fondamentali: il paesaggio ha avuto un ruolo primario nell'identità culturale e poetica di Zanzotto. Il padre Giovanni, figura di spicco dell'antifascismo locale ed espatriato in Francia per ragioni di opposizione al regime, faceva di mestiere il pittore e accostò Andrea al paesaggio nella sua valenza miniaturistica,

portandolo con sé a dipingere en plein air, sur le motif. Da un lato si è depositata fin dall'infanzia in Zanzotto l'immagine di un'estrema antichità del paesaggio, "quasi come se io lo avessi vissuto prima di vederlo. Anche le persone le ho sempre sentite come fatte di terra".
Dall'altro, proprio le gite adolescenziali in bicicletta oltre la riva destra del Piave, alla scoperta del Montello - una zona di ondulate colline, doline, boschi di faggio, disseminata di cippi e ossari, con trame di strade e stradine, e una struttura a labirinto molto adatta a rappresentare emblematicamente la realtà - hanno formato in Zanzotto l'immagine del paesaggio come intreccio fortemente sedimentato di storia e natura.
Sopra un'altura si stagliano le rovine della leggendaria Abbazia di Nervesa cui si arriva tra vigneti e boschi.
Esse appartengono a quella soglia in cui è riconoscibile, se non addirittura esaltata, l'aristocrazia grandiosa degli isolati luoghi di culto e di studio.
Qui, nel Cinquecento, monsignor Giovanni Della Casa scrisse il famoso *Galateo*. Da luogo edenico per gli umanisti, a luogo-sacrario dopo la devastazione della prima guerra mondiale, da grande bosco che riforniva di legname per le navi la Repubblica Veneta, con pene terribili per chi osava aggredirlo, alle irreparabili offese al paesaggio dei tempi moderni.
Da poco abbiamo lasciato lo straordinario paesaggio nella zona dei *palù*, le paludi, che si estendevano per chilometri, originate dalle risorgive provenienti dalle montagne, bonificate dai monaci cistercensi nel XIII secolo.
Zanzotto, quale Virgilio dei luoghi, mi guida attraverso questi salotti verdi, separati tra loro da piccoli canali in cui un tempo esistevano i gamberetti e da quinte di alberi d'alto fusto di cui individuiamo l'identità con un doppio sguardo che dall'alto si sposta alle foglie che ricoprono il prato e che si mescolano con i rovi: pioppi, platani, carpini, qualche rara betulla. Un seppia luminoso e invernale è la nota cromatica che collega alberi e terra, la strada per Vidor è una linea retta tra file di alberi.
Land art o paesaggio naturale? Aironi bianchi passano a volo sopra di noi.
Che siano questi i prati dove Andrea Zanzotto il 2 novembre 1997, giorno dei defunti, andò recitando l'ode *Al signor di Montgolfier* di

Vincenzo Monti, dinanzi a un pubblico di vitalbe *(Jekyll-Hyde/ che sotto sono streghe/ e sopra buffi d'argento che ridono…)*, di ranuncoli, margherite, e un tasso barbasso? E gliela recitò in dialetto, altrimenti non avrebbero capito.
Vidisòn viene chiamata nel dialetto di Pieve di Soligo la vitalba, una specie che a Zanzotto piace molto per la sua natura ossimorica, di vite selvaggia e parassita che soffoca i boschi e, quando è inverno, di strana nevicata con i suoi bianchi batuffoli sui rami avvolgenti e spogli.
Sedi del grigiore/ sedi delle disfatte vitalbe/ ma non vi è lesinata un po' di luna…
E adesso, su verso i colli e i monti, dove è comparsa la "sacra neve" alle spalle di Pieve di Soligo, lungo le strade dove un tempo si cimentò, in bicicletta, il maschile vigore di Andrea Zanzotto, dove nelle osterie dietro il banco c'è sempre una *femeneta.* Sulla strada per la chiesa di San Gallo - una sosta alla Casa Rossa dove i cibi sanno di erbe e di legni odorosi - forse derivazione dell'omonimo convento svizzero, ricordiamo la storia dell'eremita là vissuto fino al 1945 e la tradizione secondo la quale le mamme portavano via pezzettini di legno alla croce affinché i bambini potessero dormire, come si legge nel componimento *San Gal sora la son.*
Ecco le colline di Rolle, la sorgente della Rosada, i vigneti del caro amico Nino, paleo-contadino scomparso anni fa quasi centenario. Personaggio mitico nella zona per le sue stramberie e la sua genialità creativa *Duca per diritto divino/ e per universa investitura;* poeta-contadino si era definito nel proprio biglietto da visita, e inoltre: attore, astronomo, agricoltore, erborista, indovino e tanto altro ancora. Una sorta di Virgilio dantesco, guida e duca nei misteri della natura e della vita agricola per Andrea Zanzotto. Forse fu proprio Nino a far conoscere al poeta le tribù dei topinambùr che gli piacciono molto, il cui nome, francese, è quello di una tribù indiana dell'America settentrionale, come si legge in nota a un suo testo; i gialli fiori che si aggregano nei luoghi più desolati e rappresentano la forza liberatrice della natura, indifferenti a tutto.
Teneri plagi compiuti/ dal verde e dall'azzurro dei prati/ sui topinambùr qui sbandati/ da chissà dove, chissà se prima o mai più.
Il rapporto con il paesaggio e la vita è un andirivieni di vicinanza e distacco, seduzione e allergia. Derisione e amore, forse?

Erri De Luca - La casualità del luogo

Sta da qualche parte tra il lago di Bracciano e Roma, occupa poca terra in orizzontale e lascia che siano gli alberi a prendersi aria e cielo, la casa di Erri De Luca. Non saprei come ritrovarla, in mezzo a un paesaggio attraversato dai greggi. Forse di notte seguendo la stella polare. O forse dovrei lasciarmi guidare dal profumo delle mimose che ondeggiano e nascondono la casa come fosse un nido. O forse prendere una strada che dalla costa si inoltra nell'interno e seguirla fin dove il mare ha seminato la sua impronta facendo fiorire anzitempo mandorli e rosmarini: lì, al capolinea del suo corso mitigatore, è la casa di Erri.
Se l'è costruita più di vent'anni fa ricavandola da una vecchia stalla per l'allevamento dei bovini, recuperando le pietre vulcaniche di questa terra, grezzamente squadrate e scalpellate a due facce secondo l'uso di un tempo, che a una a una gli sono passate per le mani più e più volte. È una casa impastata di cielo, con l'acqua piovana raccolta: il pozzo è stato scavato dopo, oltrepassando la dura crosta vulcanica spessa più di trenta metri prima di arrivare all'acqua. Si sono modellati insieme lui e la sua casa, mentre le dava spessore e forma e si tendevano le fibre del suo corpo e si indurivano le mani nel lavoro di muratore; a sera o all'alba, con la schiena dolorante, soltanto inginocchiato poteva dedicarsi alla scrittura, allo studio e alla traduzione letterale della Bibbia direttamente dall'ebraico antico. Il tavolo su cui si mangia davanti al camino è fatto con i resti delle essenze - castagno, douglas, pino canadese - usate nella costruzione della casa, ancora odorose a distanza di tempo.
"Ho vissuto così a lungo al suo interno che si è stabilito uno scambio tra le sue pietre e me. Sento di far parte di una comune natura minerale. Il suo silenzio è il mio, è interno… La casa mi risponde. La sua voce non appartiene agli uomini: scaturisce dalla pietra vulcanica dei muri, nata nel tempo in cui la crosta della terra friggeva e la materia era madre di tutto".
La casa è materia che vibra, aperta al vento che riproduce memorie. Le stagioni, il caldo, il freddo producono scricchiolii, borbottii. La sonorità della casa è fatta di assestamenti e polvere che si disperde, intonaco che si spela, ma anche di rumori assorbiti, di racconti e ricordi custoditi per poi restituirli con la sua voce di pietra al proprio abitante. Proprio questo è il soggetto del lungo racconto del 1992: *Aceto, arcobaleno.*

Muratore e scrittore, ora solo scrittore, traduttore di Bibbia e testi in lingua jiddish e collaboratore di vari giornali. Il romanzo *Tu, mio*, ambientato a Ischia, l'isola dell'infanzia e dell'adolescenza, racconta la storia di un'educazione sentimentale in cui prevale la ricerca della risposta ai fatti del mondo.
Erri De Luca si definisce spostabile.
"Non sono mai stato subacqueo e nemmeno subterreo; sono uno di superficie, non ho radici e non le sento. Ho potuto abituarmi a qualsiasi tipo di posto e lavoro nel giro di una settimana e andarmene in un giorno da luoghi dove ero stato per anni, senza voltarmi".
"Da Napoli" si definisce, a sottolineare non l'appartenenza, ma un'estrazione da quel luogo, "come un dente senza la gengiva".
Questa casa, incontrata per caso, lo trattiene.
"Sono rimasto in questa casa lontano dalle strade" fino a quando, una volta al mese, da anni, le riprende guidando un camion carico di aiuti per un campo di profughi serbi in Bosnia. "Sparsi nella periferia del mondo ci si sente al centro della propria vita".
Non affondare, non andare sotto. Come le radici delle mimose, che dopo trenta centimetri di terreno incontrano l'osso duro della crosta vulcanica. Materia soffice, giallo luce e ombra profumata che seppelliscono la casa. Penso al giallo delle mie forsizie lombarde che sembrano le trombe di una terra spalancata senza misteri e non possiedono ombra. Alberi le cui generazioni si susseguono, "le mimose perdono l'equilibrio", racconta Erri, e non occorre il vento: esiste un punto di rottura e d'improvviso si accasciano. "Aveva un palco di rami già pieno di nidi, stendeva in terra l'ombra di una nuvola". Il tronco della mimosa caduta, lucidato a coppale, sta in mezzo alla stanza appoggiato ai travi del soffitto come una colonna archeologica, in compagnia delle lettere dell'alfabeto ebraico, appese alla parete, composte da Erri con pezzetti di legno.
Accanto al piede delle mimose più adulte sono cresciuti giovani getti, pronti a sostituire l'albero nel giro di due o tre anni quando, un giorno, crollerà.
Erri De Luca preferisce piantare gli alberi che coltivare la terra. Ha l'impressione che tutta l'agricoltura sia una specie parassitaria del suolo: "Scortichiamo la buccia della terra e nelle sue ferite ci mettiamo le nostre larve". Gli piace lasciare la terra così com'è - dato che non ha

bisogno di cavarci nulla - e che possa avere la sua peluria.
Gli alberi sono persone molto esigenti che hanno bisogno di accoglienza sotto e di bellezza fuori. “L’albero è una creatura estetica, metterlo in terra è come fargli una proposta dato che necessita di bellezza, luce, vento, uccelli, formiche e la possibilità di puntare i rami verso una trigonometria di stelle”.
Il primo albero fu il mandorlo perché fiorisce d’inverno, albero di primizia intorno al quale un giorno di febbraio si viene richiamati dal rumore sordo di api insonnolite. Oltre alle piante che, perdendo le foglie, gli ricordano le generazioni che ritornano, vi sono due lecci nel campo, traccia della Villa comunale di Napoli dove giocava da bimbo e del verde cupo che rendeva ancor più fitta l’ombra di vicoli e cortili. E una forestina di bambù, che cresce ogni anno a vista d’occhio. Il vento che arriva senza preavviso, con violenza da sbandato, trova i pioppi a riparare il retro della casa.
Pietre nere trovate nella terra sono state incastrate nel muro come rozzi sedili e accanto alla ginestra, ricordo di Ischia, Erri ha collocato il masso gigante fatto rotolare a spinta fino a casa dalla campagna, là dove scure pietraie convivono con prati di grasse margherite e dove il paesaggio di colpo si abbassa e sprofonda nel tufo e nelle cavità delle tombe etrusche rupestri. Il paesaggio risale e ascende a brivido di vertigine, idealmente, quando Erri accenna a misteriosi luoghi di scalate libere e di solitaria integrale, “un’esperienza di nudità… conta solo andare, stare nella corrente della propria solitudine esposta, inservibile alle mete”.
Ancora si abbassa e scende, verso il lago di Bracciano, dove Anguillara, grigia di pietra vulcanica, sta sulla sponda di un cratere d’acqua.
È arrivata la corriera. Erri si allontana dentro sandali monacali.
Me ne sono andata senza voltarmi, come mi hai insegnato tu.

Mauro Corona - L'essenzialità del luogo

Non mi sono mai sentita così goffa, imbottita, impacciata dentro il mio piumino come quando mi sono trovata per la prima volta accanto a Mauro Corona che mi conduceva in auto da Longarone a Cimolais, nel Parco delle Dolomiti friulane, lungo la valle del Vajont. La corriera carica di operai aveva tirato diritto, per portarsi avanti sulla strada in salita già coperta di neve. Non restava che telefonare a lui, bloccata com'ero alla stazione ferroviaria.
Che è arrivato me ne accorgo dagli sguardi delle persone sedute al bar, occhi sgranati diretti alla porta. Bandana da pirata sui capelli arruffati, calzoncini corti, braccia nude fuori dalla canotta di cotone, calze di lana di pecora a punto treccia, "me le fa mia madre". Meno sette gradi. E sì che mi sono sempre vantata di avere un rapporto di assoluta confidenza con il clima, dichiarando che è l'unico amico che ci è rimasto. E adesso dove lo nascondo questo piumino? ho pensato mentre, avvolti nella nevicata, brulicante passaggio di consegne di febbraio a marzo, Mauro Corona mi iniziava alla sua valle e alla sua vita, con quell'originale stile declamatorio in sintonia con un look di barba brizzolata e sguardo acceso.
"Sono nato per strada: una fortuna rarissima. Non ho visto luci asettiche e culi di infermiere, ho visto il sole e perciò sono nomade, impossibilitato a stare chiuso".
Origini, radici e l'intera vita appartengono a Erto, mentre la nascita è avvenuta sulla strada tra Trento e Pinè, dove sua madre spingeva un carrettino da ambulante contenente oggetti di legno costruiti dal nonno, ciotole, cucchiai, forchette, mestoli, pale per fornai.
"L'uomo non è snaturato, ma disnaturato completo; io vado in giro in canottiera fino a meno 15° non per esibirmi, ma per essere accarezzato dal gelo, dalla neve e dall'aria, per essere naturale; sento il mio corpo vivere e temprarsi, sento l'acqua gelida del Vajont che mi massaggia. L'ultima volta che ho visto un medico è stato alla visita di leva".
Corona non è di certo il buon selvaggio, dato che ha letto "due camion" di libri, è scultore del legno e scrittore di successo, collaboratore di diversi giornali, oltre che scalatore di fama internazionale.
Durante l'anno trascorre le notti in una baita a un'ora di cammino, ma come arriva la primavera non resiste più, con il sacco a pelo va a

dormire nel bosco sotto gli alberi, due mesi sotto il cielo a osservare, ascoltare, con due libri nello zaino, "uno per sé, uno per il vento".
È notte fonda, basta osteria di Cimolais, vino e grappini condivisi con tutti quelli che entrano, nel rituale primitivo, dolce e coinvolgente del bere. "Fa il bevitore", commenta Mauro come se fosse un mestiere. Vita ondivaga e sonnambula, come quella dell'amico Ottavio, protagonista di storia vissuta e scritta, che nella grappa ha sciolto tutta la vacua e languida dolcezza di uno sperduto oblio. "Ne ha uccisi più l'alcol che la diga del Vajont".
Via, fuori nel buio dove un albero diventa volante, le montagne si trasformano in profili magicamente lontani, gli animali, protagonisti di indimenticabili racconti sui quali si concentra l'esistenziale solidarietà dolente dello scrittore Corona, sono veri amici, presenti e invisibili: puoi rincorrere anche per dieci ore la civetta seguendone il canto intermittente, sempre a pochi passi senza vederla mai. Via, a Claut su strade di ghiaccio e di silenzio, a nominare alberi e ricordi di ragazze, tentati da giochi di neve nella notte, spazio "senza eclatanza, che mi nasconde, favorevole alla mia timidezza".
"Il carpino ama il terreno sassoso dove gli stenti incurvano la vita... Di carattere testardo, cresce storto, ossuto, inquieto e ramingo. Nelle fattezze contorte e nodose vi si legge un dolore antico e impenetrabile."
Le voci del bosco, secondo libro di Mauro Corona, tra alberi della vita e della terra, è un viaggio attraverso una foresta animistica e vitale in cui, lontano dall'estetismo, lo scrittore ricerca l'essenza di ogni singolo individuo vegetale. Lui stesso si fa albero, considerandosi un carpino, che esprime un dolore non urlato, racchiuso. Dal contatto primigenio e carnale con il bosco scaturisce anche la genesi e la creatività della sua attività di scultore.
La bottega-studio a Erto è uno spazio caoticamente odoroso di legni e resine, di forme abbozzate e scolpite, di tronchi in attesa e sculture, di quantità di libri sistemati in grezzi scaffali che sembrano usciti or ora dagli alberi, con testa di donna o di civetta. Una grande *Maternità* ancora vibrante di pino cembro accanto a un Cristo tragico che reca impresse le fibre dell'ulivo. "Il corpo dell'ulivo" dice Mauro, "è testimone di un dolore forte e antichissimo, entrato nel suo Dna attraverso le terre che hanno portato su di sé urlo e tragedia. Mentre il cirmolo è sorridente, contiene calore, senso di pace e pacatezza; attraverso l'immagine del

cerchio suggerisce l'idea del femminile, della nascita e maternità".
Scegliere un legno, scalare, scolpire, scrivere è un camminare prima, mettere le mani in tasca e andare dentro il bosco. Esiste un rapporto di dialogo segreto tra sé e l'albero, che viene preferito secco, e comunque sia al posto di uno ne pianta tre, come gli ha insegnato il nonno. "Gli alberi li scelgo perché mi chiamano, un colpo di vento, un taglio di luce, una curva". Passano giorni e giorni, "finché ci combiniamo cosa deve essere lui, rispetto alla sua natura". Dallo scultore Augusto Murer, che "sembrava entrare nel tronco e spingere fuori a pugni e calci il legno in più", apprese la scuola.
Come arrampicare. Bisogna ridurre i movimenti per farcela, arrivare alla sintesi. La prima esperienza del vuoto all'età di sette anni fu di delusione e assenza, quando si accorse che sulla cima non aveva raggiunto niente: non una valle libera e pulita, ma ancora centinaia di montagne e passi. Per paura del vuoto, che suo padre gli fece provare tenendolo per la giacca sugli strapiombi, per conoscerlo e vincerlo, ha scalato le montagne. Venticinque anni di scalate estreme. Montagna materna e salvifica. Il vuoto come vento e confidenza che consente di percepire a occhi chiusi di chi sono le ali che suonano l'aria come un violino: aquila, gracchio o falco?
Mentre Mauro si ritira per provvedere al pranzo dei suoi quattro figli, all'osteria mi accade di ascoltare il Tg regionale del Lazio, grottesco disguido dei mass-media imposto in questo pezzo di terra friulana seminata di tombe e croci e lapidi, di vie spettrali di Erto nuova, di case antiche belle e dirute di Erto vecchia che segue dolce la curva del pendio, fatta evacuare dopo l'inferno del 9 ottobre 1963.
Mauro allora aveva tredici anni. "Una spina che mi uccide, non ci sono i soldi per aggiustare le case e centocinquanta ne sono cadute in trentasette anni." Poco più sotto, la vertiginosa diga del Vajont nemmeno scalfita, lugubre e imperitura memoria della dissennata lungimiranza degli uomini di potere e di denaro.
Tra figure femminili odorose di cirmolo e betulla, cristi dolenti trapiantati dall'anima tragica dell'ulivo, mentre la resina brucia sulla stufa, la bottega è calda come una dacia russa. A Mauro improvvisamente prende la malinconia, deve restare solo, scappare, correre, sì, andare a correre nei boschi.
Non mi resta che riprendere un treno.

Camoscio pazzo, è già sulla via della montagna, gambe nude, braccia nude: senza saluti, che non sono essenziali, gli occhi, che la timidezza rende sfuggenti, si sono fermati nell'intensità di quell'attimo in cui riconoscere un incontro.

Hans Berger - Il luogo delle rose

Poiché le rose s'avviavano verso il culmine del loro splendore, un giorno furono disposte a semicerchio sedie e poltrone sullo spiazzo sabbioso antistante l'abitazione… Ci sedemmo nelle poltrone… Le rose vennero sottoposte ad un attento esame. Ci si chiese quali fossero le più belle o quali piacevano di più all'uno o all'altro di noi.

Nelle pagine del romanzo di Adalbert Stifter *Tarda estate,* Der nachsommer, 1857, è contenuta la genesi dell'interesse di Hans Georg Berger per le rose, un segno significativo nel suo percorso esistenziale e nell'esperienza di scrittore e fotografo. Nel romanzo di Stifter il filo conduttore è Rosenhaus, la casa delle rose, che durante la fioritura coinvolge proprietario e ospiti nel culto delle rose e nella silenziosa contemplazione della loro bellezza, da intendersi nel più vasto significato di un rito al servizio dell'armonia e dell'elevazione spirituale. Hans Berger ogni mattina all'alba nel periodo della fioritura, seduto nell'erba in solitudine e silenzio, contempla le rose del suo roseto. Si apre alla rosa nell'attesa di accogliere quello che la rosa offre. Uno dei più grandi piaceri. Non solo di carattere estetico e sentimentale di origine romantica, ma di natura più profonda, che ha le sue radici in Rilke e Angelo Silesius, secondo cui la rosa è la manifestazione di una vibrazione mistica legata al divino.

Il filo della memoria lega il *Contemporaneo delle rose* (titolo di un suo scritto) all'infanzia a Treviri, sua città natale, e alle rose della nonna in un giardino vicino alla Mosella, protetto da mura intorno alla casa barocca, spazio di profumi e forme e bellezza delle rose antiche. Il primo ricordo infantile della percezione di una vaga sensualità è per Hans assimilato a una rosa americana degli anni Trenta, la *New Dawn* (nuova alba), dalla pelle perlacea di conchiglia rosata: seduto ai piedi della rosa, il bambino si lasciava ricoprire dai petali, dal profumo un po' maschile, vaghezza del nuovo mondo.

L'intimo giardino delle rose di Berger occupa lo spazio dell'antico hortus conclusus conventuale dell'Eremo di Santa Caterina all'isola d'Elba, nel Comune di Rio Elba, dove Hans è approdato nel 1977, trovando un luogo abbandonato e ricoperto di rovi cui ha deciso di restituire nuova vita, ricreando il giardino segreto della meditazione spirituale e dell'ispirazione artistica: in questo plein air-laboratorio trovano ospitalità artisti che, da ogni parte del mondo, dedicano il soggiorno

all'impegno creativo. Un conclusus insolito, per tre lati delimitato dalle pendici del monte Serra e dall'antico romitorio e avendo come quarto muro la distesa del mare.
I fiori semplici della rosa *Coopers' burmese*, un'antica cultivar della Cina, disegnano farfalle bianche sul muro grigio dell'Eremo, mosse dalla brezza, memori della provenienza nella valle birmana dove Hans Berger le vide la prima volta, arrampicate per otto o nove metri su alti pini e ricadenti in rami verso il basso: mosse da un vento dolcissimo e caldo di profumo lasciavano cadere centinaia di petali.
Durante la visita pastorale nel roseto dell'anima, da ogni rosaio Hans stacca, in dono, una rosa senza gambo: nelle mani, simili a una coppa, le rose appaiono come un'offerta votiva. La *Banksiae lutea*, in Cina chiamata il piacere del vicino, si aggiunge alle noisettiane e alle rose della rara collezione di lambertiane, che Peter Lambert, uno specialista di Treviri, creò agli inizi del Novecento, oggi quasi perdute, ma che Hans è riuscito a ritrovare nell'antico roseto di Sangerhausen in Turingia.
Il progetto di Hans Berger all'Eremo di Santa Caterina non si è fermato qui. "Non volevo fare il turista estivo, il territorio mi dava una responsabilità" afferma. La risposta a questa istanza è stata la creazione di un Orto dei semplici elbano: luogo di raccolta e coltivazione della ricca biodiversità botanica dell'isola d'Elba, in dialogo con il Parco dell'Arcipelago toscano e a sostegno delle ragioni della sua istituzione. L'Orto, inaugurato nel 1997, sorprende per come è stata interpretata l'antica memoria degli orti medievali e dei piccoli giardini arabi, in armoniosa assonanza con l'anima del luogo e la sua natura paesaggistica mineraria, attraverso l'essenzialità compositiva e lo spirituale minimalismo delle linee e dei materiali.
Le sezioni dell'Orto non contengono soltanto le piante della vegetazione spontanea e le antiche specie fruttifere. Ospitano anche le opere degli artisti del cenacolo di Santa Caterina, i poetici lavori sulla terracotta e la capillarità di Cesario Carena, l'astratto e lirico Eisenherbarium, in gesso e ferro di Susanne Besch, che con gli stessi materiali ha realizzato una piccola tribù di papaveri, posati accanto ai papaveri naturali.
Di Carena è stata inaugurata il 3 giugno 2006 l'installazione di ventiquattro cubi in argilla, "segni della memoria e del silenzio", dedicati ad altrettanti amici e illustri sostenitori del progetto di Santa Caterina scomparsi. I cubi, collocati tra alberi da frutto e ulivi e che

il tempo ricoprirà di erba a mostrare soltanto il lieve nome inciso a mano, suggelleranno l'Orto come luogo dell'incontro tra natura, arte e memoria.

Ma l'Orto è anche una creatura fragile. Hans usa un paragone asiatico: in Laos, il neonato non viene mostrato al padre per un mese, perché le sue energie vitali possono ammalarsi di fronte a forze vitali più aggressive, occorre dargli il tempo di affermarsi in pace.

Per l'Orto dei semplici, secondo Hans, non è ancora trascorso questo mese. L'Orto ha bisogno di maturare spiritualmente per essere convincente e trasmettere la sua forza: "Sulle cose essenziali, a decidere è il coraggio che ha la tua anima, la mano di qualcuno di fuori che ti fa camminare".

Il giorno che avevamo considerato il più bello per la fioritura delle rose risultò veramente tale. Da quel momento in poi le rose presero a sfiorire tanto rapidamente che sempre più spesso bisognò munirsi della scala a pioli e delle forbici per rimuovere quanto minacciava di deturpare le piante.

Hans, simile a un personaggio di Stifter, assolve al suo compito di Giardiniere, ordinatore e demiurgo, chiamato dalla grande anima romantica a coltivare il mito etico della bellezza.

Vivian Lamarque - L'infanzia del luogo

Un cenno di nevicata, il giorno che sono andata da Vivian Lamarque, a Milano. Ma proprio rari e pochi fiocchi di neve, gli unici di tutto l'inverno. Un presentimento di attesa, in poco tempo deluso. Proprio quel giorno, che coincidenza. Un tocco di leggerezza lungo la strada che mi porta a lei, la poetessa della levità, che ha scelto la grazia surreale per dire in altro modo lo scarto del vivere e le attese negate.
Eravamo bianchi leggeri/ nevicavamo teserino/...
Intorno alle piante, dentro i vasi di terracotta sul balcone, sembra essersi ammucchiata la neve. In realtà è kapok, con cui Vivian addobba in dicembre e gennaio il terrazzo, completando l'opera con spruzzate di spray sui vetri, come si vede spesso alle finestre delle scuole materne. Un gioco a nascondino; chi abita in questa casa al quarto piano? Un giardino d'infanzia o una dolce signora che scrive poesie e fiabe, dentro una stanza con le finestre rivolte a sei strade e due sopraelevate che fa otto, e di fronte una succursale della Rinascente che a Natale espone nelle vetrine tanti piccoli abeti? Una neve finta, protettrice delle piante, in attesa della vera che non arriva mai, di quella che non potrà più essere, remota e lontana, sognata forse, appartenente a un'inconscia sensazione nevosa depositatasi nei primi mesi di vita, durante l'inverno in Val di Fiemme.
Anche se a nove mesi sono stata trasportata, come una valigia, a Milano, dove mi hanno cambiato madre, padre e indirizzo, sento con prepotenza dentro di me e dentro il mio pennino Tesero dove sono nata, Cavalese e forse Varena dove ho vissuto i miei primi nove mesi di vita.
La neve che scende è per Vivian Lamarque una grazia sulla vita, un volo e una leggerezza in più. Emozione che lei paragona a quella suscitata dalle colombelle bianche che affollano una piazza a Siviglia, fitte nel volo come una nevicata. Forse per analogia il suo fiore preferito è la piccola margherita dei prati, la *bellis perennis* che cresce singola e solitaria, formando tribù e non consentendo a nessun altro fiore di avvicinarsi. Sente di riconoscersi nella pratolina, non solo perché il suo secondo nome è Daisy. "Mi assomiglia molto: piccola, metà fragile e metà forte... Io sono così, metà felice e metà disperata... dentro l'anima continuamente una giostra e un cimitero".
Prima di traslocare con il gatto Ignazio in questa abitazione, scelta di

proposito per sentirsi immersa nel cuore pulsante metropolitano, con la stanza dove lavora affacciata sul traffico, ha vissuto per vent'anni al QT8. Un quartiere residenziale cresciuto accanto al monte Stella, la montagnetta milanese costruita nel dopoguerra con le macerie dei bombardamenti: ora sembra proprio una vera collina molto verde e molto alberata. Una casa idilliaca, con orto e giardino, dove si trasferì con il marito Paolo e la figlioletta Miryam.
Vivian non ha perduto questo luogo amato: ogni anno a primavera corre in bicicletta, portando con sé la nipotina Micòl, dall'amica di allora, Margherita, nel suo giardino fitto di pratoline, il giorno prima che arrivi la falciatrice. Ne raccoglie tante. "Quello che in giorni normali sarebbe un margericidio diventa un prolungavita!". La Lamarque amava anche molto le sue forsizie, che usava come lampadine, piantandone i rami fioriti per illuminare gli angoli bui del giardino.
La margheritina, resistente e fiduciosa, è capace di fiorire a dicembre per poi richiudersi nel gelo. In primavera la sua sorte è accomunata a quella dell'erba falciata più volte, che poi ricrescendo la accoglie in altrettante resurrezioni. Un fiore che, attraversando a intermittenza tutte le stagioni, assume un carattere quasi metafisico. Biancore timido, petali strappati dalle pene d'amore, allitterazioni che per la poesia sono un'eco: margherita… vita… Fiore dell'al di qua o dell'al di là? Candore dell'infanzia e sguardo sulla morte si rincorrono sempre.
…da una morta/ è spuntata una margherita allora era/ lei quella margherita? era diventata bella così?/ l'erba erano i morti? erano diventati fili belli così?/ così tanti e così vicini? la solitudine della vita era finita? si stava bene fitti fitti così? …
Posto nella sezione *Inediti* dell'Oscar Mondadori che contiene l'intera opera della Lamarque, il poemetto *L'albero* propone una prospettiva straordinaria da cui meditare il contatto vita-morte. L'abbraccio con l'albero è stretta unione, simile a un matrimonio. *Se eri un pioppo/ ti sposavo ti salivo/ fin lassù, foglie/ su foglie avremmo messo:/ basta non parliamone più.*
Questi i versi d'apertura: il pioppo dalle foglie tremule, pagine bianche pagine scure, è un materno grembo che unisce la terra all'Ade. Da quella altezza, stretta alla chioma dell'albero, l'autrice non si allontana dal mondo: al contrario può comprendere meglio il dolore dell'umanità e il regno delle ombre, simbolicamente compresi nell'agonia del pettirosso in trappola, accolto in una foglia-sudario.

...l'albero/ lo avvolse in una foglia sua se lo portò lassù...
La posizione elevata favorisce nel contempo lo sguardo attento al vitale fermento del microcosmo terrestre tra rospi e rane, lucertole e bruchi. Vivian mi mostra in cucina una cosa cui tiene molto: l'ospedalino per le piante. Tutto è cominciato quando la figlia dovette subire l'intervento alla cistifellea. "La sera uscivo dalla clinica tristissima. Fuori c'era un chiosco di fiori... presi l'abitudine di raccogliere i fiorellini malconci rimasti a terra... non potendo curare le ferite di Miryam, curavo le loro... Raccolgo rametti caduti dai balconi -suicidi?! - trasportati dal vento o potati, investiti dalle auto... Alcuni, dati per spacciati, nell'acqua di questo mio Pronto Soccorso riescono a fare delle piccole radici. A un ciclamino assiderato ho fatto persino la respirazione bocca-bocca! senza risultato, devo confessare!".
Capisco perché senta così suo il verso di Ungaretti: *l'erba lieta dove non passa l'uomo.*
La copertina dell'Oscar (tre ristampe in cinque mesi, settemila copie, un record per la poesia) reca un disegno naif di Vivian Lamarque che raffigura lo studio - alcuni gradini sotto il livello stradale - del suo analista junghiano, cui sono dedicate tre raccolte poetiche.
Caro dottore Le scrivo/ dal lago di Zurigo... è un riferimento al pellegrinaggio della Lamarque al castello e al giardino di Jung in Svizzera. La psicanalisi, più che la poesia in cui ci si può anche perdere, afferma Vivian, l'ha sottratta allo spaesamento e al disagio provocati dal travagliato quadro familiare che si intuisce nella lettura dei suoi testi poetici. "Non è mai troppo tardi per avere un'infanzia felice", commenta riferendosi agli effetti dell'esperienza psicanalitica e mostrandomi la fotografia della mamma Maria Rosa cui è dedicato l'Oscar. Nella poesia di Vivian Lamarque lo sguardo surreale del bambino si affianca allo sguardo doloroso e ironico dell'adulto.
Perché, mentre me ne vado lungo il viale, mi sorprendo a ripetere a memoria i suoi versi?
Non parla/ e ha un gatto in braccio./ Ma non approfittatene per giudicarla a prima vista.

Umberto Piersanti - I luoghi persi

Il poeta cammina lungo le mura di Urbino. Sono giorni tutt'altro che felici per la sua biografia personale. La scoperta del favagello, tra febbraio e marzo, un giallo che sembra esaltato dall'ombra cuoriforme delle foglie, trattiene la sua attenzione.

È d'un giallo squillante, nessun fiore/ l'uguaglia anche se prendi l'anno intero/ copre a febbraio i greppi/ verdissima è la foglia/ umida sempre un poco e immacolata…

E poi il poeta vi aggiunge la favola, tra il fantastico e il naturalistico, inventando una qualità al favagello - se non era mai stato calpestato sotto la neve - quella di far apparire alla donna l'uomo che la desidera. Lei deciderà se aprirgli o no la porta.

Sale nel vetro l'uomo, sale le scale/ bussa alla porta/ e aspetta se lei apre.

Dal casuale incontro con il fiore sotto le mura della sua città, scaturisce in Umberto Piersanti un suggestivo itinerario botanico e poetico attraverso il mondo naturale delle Cesane, le colline a ridosso di Urbino, che si materializza nella sezione *Cespi e fiori* all'interno della raccolta *I luoghi persi* e *Cespi e fiori, animali* nel successivo *Nel tempo che precede.*

Poesie nate dall'esigenza di allontanarsi provvisoriamente dal mondo degli umani per dedicarsi a piante e animali. Colline materne, conosciute e percorse fin dalla primissima infanzia, il cui epicentro era la casa della nonna Fenisa e del bisnonno Madìo, ora un rudere, lungo un fosso delle Cesane. Tre chilometri a piedi per uno stradino stretto, niente luce elettrica, un buio che alimentava le paure e le superstizioni del mondo contadino.

Solo la casa nostra in fondo al fosso/ ho visto ancora più rotta e desolata/ sopra la macchia cresce come sempre…

Madìo raccontava, come si trattasse di un fatto naturale, che un cane nero, saltatogli una sera dentro il biroccio, dopo aver mandato lampi dal pelo e messe le ali, era volato dietro il monte della Conserva. È lo *sprovinglo*, diavolo contadino del mondo montefeltresco.

Giù per il fosso Madìo/ trovava lo sprovinglo,/ un cane che gli era entrato nel biroccio/ e poi diventa sempre più grosso e nero…

Racconti fantastici nutrono l'infanzia del poeta, l'oralità della nonna Fenisa è intrisa di una dimensione arcaica ed epica, che non ha nulla di quotidiano (*c'erano le mele a muso di bue…).* In questo humus terrigno e visionario, concreto nella geografia dei luoghi e nell'antropologia del vissuto, e pur trasfigurato, ("una volta passati, sogni e ricordi sono la stessa cosa", dice Piersanti) affonda le radici la poesia. Il cui ritmo, come un paesaggio musicale, sottende la cadenza del substrato orale, le sue leggi affabulate, incalzanti e pacate, le immagini evocative e remote. Il nome stesso del bisnonno, Madìo, Amadeo, è quasi un suono onomatopeico, vicino all'invocazione.

Così Piersanti, poeta della natura, attraversa fossi e greppi, affonda la testa nel sottobosco e si infanga nei lubachi (zone umide), si immerge nel falasco e si punge nelle radure. Alberi, fiori, erbe, cespugli, uccelli, insetti, serpi popolano concreti la sua poesia, sfociando in storie immaginarie. *Lo spino bianco,* titolo di una poesia, è la rosa canina, così chiamata in queste terre con un'immagine di morbida bellezza provenzale.

Le lunghe bacche rosse splendono/ intatte quando l'ottobre entra,/ i cieli sono più azzurri/ dell'anno, ma freddi e brevi,/ porta pace lo spino/ gli agnelli bianchi brucano foglie/ e frutti, dormono al ceppo/ ma quando viene la bruma/ nera e spessa/ e scolora le bacche, cascano secche/ spegne malva e falasco…

Dallo spino bianco escono allora le anime e ce n'è sempre una cattiva che fa perdere la strada al viandante. Il poeta sprofonda negli odori e colori di ginestre, scotani, ornielli, cardi e asfodeli, verga d'oro e gladiolo selvatico, vitalba e prugnolo. Ma non è Piersanti poeta dell'idillio, sotto la cui apparenza la natura benigna e ostile allo stesso tempo prepara insidie e tranelli di morte.

…l'ucielletto piccolo/ in 'tla cova/…vede i àcin gonfi e trasparenti,/ e l'afferra la voglia/ tenta il volo/…dentro la malva viola/ la serpe attende,/ avvampano le foglie/ volano piano,/ la luce e l'aria/ beve l'ucielletto,/ il suo ultimo sole/ brilla e scende.

Mentre all'elicriso che la donna tiene in mano, dal forte profumo, è affidata la virtù di allontanare le serpi *verdi nella petraia/ tutta nera,…*

La neve ha sottratto ogni possibilità di sopravvivenza agli agnelli. Agli ultimi tre, al buon pastore non resta che offrire il pungitopo scavato con un ramo.

Stremati, brucano foglie e frutti/ buttano sangue, sugli spini lasciano la lana,/ queti colmano i ventri/ senza belare.

La figura del pastore ha dato vita a una sorta di poema pastorale che attraversa l'Arcadia d'ombre del poeta, come è stata definita. Figura centrale della tradizione classica e cristiana, geograficamente trasversale, il pastore di Piersanti è un personaggio in cui si incrociano esperienza personale, per aver parato le pecore da bambino, memoria familiare di Madìo pastore, e memoria letteraria: forse proprio in queste terre è ambientata la favola pastorale *Aminta* di Torquato Tasso, suo libro de chevet.

E soprattutto il richiamo è al *Canto notturno di un pastore errante dell'Asia* di Leopardi. Anche il pastore di Piersanti è emblema dell'uomo che si interroga, affrontando l'universo nello spicchio di topografia concreta, tanto che il microcosmo delle Cesane sconfina con la galassia. Il suo pastore sale sulla luna.

Questa è la notte buona,/ deve salirci,/ quando mai la ritrova/ coi rami tanto comoda/ e vicina?...

E prende la via dell'arcobaleno per arrivare alla casa dell'assoluto. *La luce è come l'erba/ gonfia di maggio, bagna i piedi nudi, lui sale per la strada di colori/ sotto gli vola il falco,...*

Ma poi il pastore torna indietro, ci sono le pecore da salvare cadute nell'acqua nera che belano da fare una gran pena. Il volo del pastore attraverso il ponte dell'arcobaleno si conclude molto concretamente a terra, con i piedi nel bacile d'acqua calda che la Fenisa gli ha portato, nella casa lungo il fosso delle Cesane.

Escono le manine dalla terra/ ...questa mano tenace/ da sottoterra non la punge ginepro/ o agrifoglio, ...

I funghi a forma di piccole dita si caricano di una forza animistica ctonia, suscitando leggendarie paure. L'elemento magico in Piersanti non si impone come reale e oggettivo. Fate e folletti sono segni per esprimere i nodi e gli enigmi della vita, per proiettare in un altrove il mondo contadino estinto. Anzi, il mistero lo spaventa, contrariamente al quasi conterraneo Giovanni Pascoli che nella natura ne vedeva lo specchio. La sua poesia è legata al principio della misura e dell'armonia, secondo la tradizione classica italiana. In sintonia con l'immagine rinascimentale della città di Urbino, di cui il Palazzo ducale rappresenta l'identità. Una sorta di caso a sé, grazie all'interpretazione degli artisti che lo realizzarono, il senese Francesco Di Giorgio Martini e il dalmata Luciano Laurana, "che aveva negli occhi i minareti" afferma Piersanti. All'equilibrio toscano i famosi torricini di Urbino conferiscono un tocco esotico di verticalità aerea che spinge al sogno e alla fantasia. Il poeta, nato appena fuori le mura della città, considerate nella tradizione la parete divisoria tra signori e contado, sposta l'immagine delle mura familiari dilatandola al mondo della natura, attraverso un'orografia concentrica, su cui si deposita il sigillo del paesaggio poetico.

Sebastiano Vassalli - Il mutare del luogo

Qual è il segreto della pianura? Viaggio senza ostacoli della luce da oriente a occidente, riposo del paesaggio. La pianura è simile al respiro pacato di una prateria o - come il mare - immagine dell'inquieto e insidioso vivere? Lascio scorrere i pensieri, le immagini: che cosa fa della pianura una sorgente così fertile? Memoria d'altre pianure, desiderio di ritornare là, dove tutto si appiana, si distende, dove terre e fiumi si accompagnano all'unisono. Mi interrompe, mentre divago nella tentazione dell'idillio, lo scrittore Sebastiano Vassalli: la pianura è uno dei luoghi più trafficati della storia umana, guerre, scorrerie, battaglie, mi dice guidandomi nella sua pianura novarese, la famosa bassa del romanzo *La chimera*. E prosegue: "Un paesaggio dove non c'è nulla, ma il nulla è una delle cose più complesse e articolate che esistano al mondo". Ma cominciamo dall'inizio. Uscendo dalla stazione ferroviaria di Novara, la prima cosa che vedi è la statua in bronzo della mondariso. Ecco, siete arrivati in terra di risaie, sembra dire piegata verso l'acqua. Niente sguardo dritto davanti a sé. Secoli di schiene curve a migliaia, di gambe a macero a trapiantare e mondare riso.

È passato, ci dice la mondariso in bronzo fuori dalla stazione di Novara. E ci insegna la pianura. Ci indica la strada dei fontanili, delle risorgive, dei canali che durante la primavera trasformano la terra, d'inverno arata a solchi profondi e scuri come una qualsiasi campagna, in verdi risaie allagate in cui si mescola il blu del cielo. ...*Antonia si accorse che il paesaggio era cambiato, da terrestre che era stato fino a quel momento, d'un tratto s'era fatto acquatico. Era il paesaggio della risaia: una laguna abbagliante nel riverbero del sole, suddivisa in una serie innumerevole di scomparti a forma di quadrato, di triangolo, di trapezio, di rombo; un mosaico di specchi che però presentava, qua e là, delle zone opache: dove l'acqua imputridiva diventando palude.*

Sebastiano Vassalli da sempre vive in questi luoghi. "Non ho altro paesaggio: sono convinto che quando si vive a lungo in una terra, il paesaggio interiore finisce col corrispondere con quello esteriore e viceversa". In quanto "non particolarmente bello" e dunque non assediante, gli consente di lavorare, simile a un grande foglio bianco sul quale trascorre l'indeterminato e mutevole fluire del tempo e della stagione.

È il foglio bianco su cui Vassalli ambienta la tragica storia di Antonia, la giovane protagonista del libro *La chimera*, vissuta all'inizio del Seicento

a Zardino, un paese spazzato via forse dal Sesia, nella bassa. Da quelle nebbie, di clima e di memoria, che assimilano il luogo al nulla, lo scrittore riporta alla luce le vicende di un'umanità avviluppata nell'ignoranza e nell'oppressione fisica e spirituale, estraendole da un sepolto passato speculare a un disilluso presente, consapevole della vanità dell'agire umano. Sul foglio nudo si delinea, si annulla o semiappare, secondo la luminosità o gli umidi vapori dei giorni, il *macigno bianco* come lo chiamava il poeta Dino Campana, da Vassalli biograficamente rievocato nel libro *La notte della cometa.* Il monte Rosa. Apparizione surreale, visto così all'improvviso in fondo a un orizzonte piatto, isolato rispetto alle montagne nascoste dalla foschia. Come è possibile una tale massa di ghiaccio e granito sospesa nell'aria? Una chimera. Madre e sorgente di tutte le acque che si dirigono verso la pianura. Una fitta rete idrica, fiumi, rogge, canali, risorgive e fontanili determina la destinazione a risaia del territorio e crea un paesaggio che, figlio della chimera, attraverso acque e superfici a intermittenza acquitrinose rimanda l'effetto illusionistico.
La roggia Mora, in onore di Ludovico il Moro, è uno dei primi canali navigabili costruiti nel novarese per la coltivazione del riso, introdotta nel XV secolo. Assieme al ponte che la attraversa fu progettata da Leonardo, che contribuì anche all'impianto delle risaie. Dal monte Rosa scende a valle il Sesia, anzi precipita, quasi una condotta forzata. Una discesa di quattromilacinquecento metri in circa ottanta chilometri. Le sue piene erano così rovinose, racconta Sebastiano Vassalli, da cambiare i confini degli Stati, da cancellare intere proprietà fondiarie. Utilizzando i ciottoli con un secolare lavoro ciclopico, sono state costruite due lunghe briglie di argini. Tra pioppi canadesi, betulle e querce all'interno del Parco naturale, e isole di sassi e sabbia di un inverno di smagrite lame azzurre, la sponda opposta del fiume, "anarchico e pauroso", appare a distanza amazzonica. Poco più in là, il paesaggio è l'orrore, la devastazione della cava di San Nazzaro Sesia, che "si sta mangiando tutta la pianura".
Guardo i crateri degli scavi, le gru, le montagne di ciottoli e di ghiaia a perdita d'occhio laggiù dove un tempo c'erano stati i boschi e gli autocarri come scarafaggi, che corrono in quel paesaggio lunare. (L'oro del mondo)
In mezzo alla risaia una piccola diruta pieve medievale ha il campanile sorretto dall'edera e un oratorio del Settecento sorge sopra un fontanile ritenuto miracoloso. Uccelli si alzano in volo da acque e rari boschetti,

garzette, aironi bianchi e aironi cinerini, falchi, poiane, gheppi e qualche nitticora: questa si muove molto anche di giorno, mi spiega lo scrittore, che ha una forte percezione degli animali, anche se è descritta come notturna. Sulla via del ritorno, velato, magnetico, il monte Rosa è alle spalle: durante l'itinerario nella bassa, sembra sia stata l'aria a portarci a lui.
Sebastiano Vassalli, del tutto casualmente approdato alla campagna, da dieci anni abita in una casa ex parrocchiale, datata 1504, esternamente decorata con ceramiche e terrecotte che riproducono le copertine dei suoi libri e l'ambiente naturale con tutti gli animali della bassa; o addirittura rappresentano l'oltretomba, con l'angelo barocco e il cane etrusco, custode degli Inferi. Alla casa è annesso un hortus conclusus, che è il frutteto-giardino-roseto cinto da muro in mattoni. Sorto, secondo Vassalli, sopra una zona preistorica palafitticola. Un simpatico mélange di piante da frutto, tra cui persino un olivo e un castagno, di piante delle rive e dei boschi, un platano e una quercia recuperati lungo il Sesia e piante da fiore in terra e in vaso. Una rosa diafana spicca sul rosaio freddo dell'inverno. Rosa furtiva o tardiva? Quante rose. Arbustive e sarmentose: una vera passione. Fu Giulio Einaudi a iniziare lo scrittore. "Coltivando qualche rosa nei ritagli di tempo mi sono risparmiato probabilmente anni e anni dallo psicanalista" commenta con autoironia. "Mi piacciono tutte, anche se Einaudi mi spingeva verso le specie antiche". Il giardino, nonostante l'inverno, è trafficato di potature e lavori. Secondo lo scrittore, le piante pensano e ragionano, ma in tempi lunghi e lentissimi. "Quando le devo potare, mi dico: ora non sentono, sentiranno domani". Una casetta di legno appesa al muro, "grand hotel per uccelli, quarantotto monolocali più un super attico" è in piena attività, mentre il monte Rosa sta per accogliere il tramonto: "Siamo sempre al gran completo!" commenta Vassalli.
Il microcosmo 'palafitticolo', l'osservatorio-voliera sulla natura e gli uomini, si chiude alle mie spalle. Sì, ha ragione Voltaire, come Sebastiano Vassalli ha voluto incidere come epigrafe dentro il suo brolo: *Bisogna coltivare il proprio giardino.* Con quel che segue.

Claudio Magris - La verità del luogo

Cos'è questo profumo? mi chiedo attraversando l'isola di Cherso sopra una strada che separa in due la montagna. Devo fermarmi, capire. Troppo intenso, non è quello di un'essenza nella quale tuffi il viso, ma un'aria diffusa, impregnata, di cui è ignota la fonte. Elicriso? No, che dico, è quasi ottobre! Finocchio, mirto, rosmarino? Cos'è?

Il crinale del monte è di un uniforme insolito verde. Salvia? Sì, un'isola di profumo e colore verde salvia. Chiudo gli occhi. Come saranno questi monti selvaggi nel periodo della fioritura turchina?

I fianchi del monte digradano scoscesi nel Quarnaro, accesi dalle ginestre, coperti dalla salvia blu increspata dal vento.

Una geografia mitologica: Assirtidi è il nome dell'arcipelago, il quale sarebbe nato dal corpo di Absirto, fatto a pezzi e gettato in mare dalla sorella Medea, che per amore di Giasone lo attirò a tradimento a Ossero, là dove Cherso si separa da Lussino.

I luoghi ci accompagnano. Non li abitiamo come contenitori, ma ne assumiamo le forme costruendo la nostra vita emotiva in un comune respiro, entrambi segnati dalle reciproche tracce, nel bene e nel male. Ferite irreversibili, o carezze, come una lieve piantagione di mandorli o una rosa rampicante lungo un muro. La perdita di un luogo amato, dolore conficcato nella carne, può rappresentare un lutto che dura nel tempo.

Qual è il misterioso confine che separa luoghi semplicemente goduti e amati da luoghi necessari, paesaggi dell'anima meta di un reiterato ritorno, di una seduzione da risacca che, allontanando e avvicinando, ci riporta sempre sulla stessa riva?

...quelle radure erano una storia condivisa, con gli anni diventavano quasi i lineamenti del volto e il colore dei pensieri e dei sentimenti...

Claudio Magris in *Microcosmi* (Premio Strega 1997) ripercorre i luoghi del proprio paesaggio amoroso, come un viandante che seguendo il suo curioso e carsico sentiero ripensa il tempo e la storia attraverso vicende di creature umane e animali, acque e monti, vuoti e pieni del paesaggio, coesi dal ciclico sentimento del ritorno, dall'ansiosa confidenza di frontiere da varcare e riconoscere.

E nel film che a quest'opera si ispira, dal titolo *Tra Danubio e il mare - Il mondo di Claudio Magris,* presentato a Mantova nel corso del *Festival della letteratura,* lo scrittore triestino afferma: "I luoghi sono una grande verità".

Raccontarli non è un fatto geografico, ma un'intersecazione profonda dell'io che si riflette in essi come nello specchio dell'autocoscienza, un modo trasversale di parlare di sé evitando, forse per una forma di sottile e signorile pudore, l'identificazione con un protagonista diretto.
Si è parlato di idrofilia a proposito della scrittura di Magris: l'acqua è sempre presente. La fanghiglia del giardino pubblico a Trieste dove giocava da bambino e dove, tentando invano di rianimare un pesce malato, scoprì per la prima volta l'amaro disincanto della perdita; l'acqua torbida della laguna di Grado che, simile a un liquame primordiale, gli suggerisce la carnalità biblica e l'amore per la vita anche nei suoi aspetti meno sublimi.
Dal viaggio nell'universo fluviale danubiano attraverso popoli e Paesi europei è nato il libro, diario e romanzo insieme, *Danubio* del 1986.
Il mare. Quanti mari nella vita e nell'opera di Magris.
A Lubenizze, poche case spopolate e vecchie pietre, il mare è giù, in fondo, sotto la rupe di bianca roccia carsica, macchiata dal colore degli aceri e dei sorbi autunnali. Uno dei suoi luoghi preferiti per guardare dall'alto il grande mare argonautico di Giasone e del Vello d'oro, delle seduzioni e dei tranelli, il mare di Ulisse, la via dell'ambra che scendeva dal Baltico, il mare della risacca da un'isola all'altra, dalla Lussino di Circe a Levrera, Canidole, Oriule, Sansego, dove Magris ritorna puntualmente a salutare amici pescatori e barcaioli che invecchiano su queste piccole isole quasi disabitate.
La scuola elementare di Lubenizze è abbandonata da vent'anni. Pietre e vento che strapazza radure di salvia e timo, vastità di ginepri lungo tutta la strada che porta fin qui dentro una geometria di muretti a secco. Odore di mosto e di fumo, di pesci arrostiti su braci all'aperto. Una donna offre da bere in una ciotola di legno che passiamo da uno all'altro. Assaggiamo miele di salvia e fichi infilati tra foglie di alloro. Nelle crepe del campanile sono fioriti steli di campanule azzurre.
Dall'apertura solare verso il Mediterraneo, Trieste si affaccia anche sul grande continente oltre il Carso, la Mitteleuropa dalla struggente malinconia nordica. Della frontiera tra mondi e letterature così diverse Claudio Magris è, attraverso la scrittura, interprete e testimone.
La memoria della foresta dice anzitutto la vanità di possederla. Il suo respiro profondo insegna a sentire la vita come un'indifferenza imparziale e insieme accogliente e inesauribile... Dove comincia la foresta? Le porte sono invisibili, eppure si avverte chiaramente quando si aprono e si richiudono...

Il massiccio del Nevoso, in Slovenia, da sempre linea di confine, è un luogo 'mitteleuropeo' molto amato da Magris. Di fedeli ritorni. Di vita nel bosco nell'attesa degli animali, caprioli, linci, lupi, di estati familiari trascorse nella mitica fallita ricerca dell'orso.
Ventisettemilaseicento ettari di foresta dominata dal faggio accanto a tasso, acero, abete rosso, abete bianco e frassino. Niente alberghi, poche case, due rifugi. Un'apparizione dalla forma di capriolo scivola lieve attraversando la strada nel crepuscolo nebbioso illuminato dai faggi. La materia di cui sono fatti i sogni.
La presenza dell'orso bruno nel Nevoso aleggia corposa. È un linguaggio. Me ne parla subito il signor Pugelj, ingegnere in pensione, che vive nella foresta tutto l'anno e ha il suo da fare con gli orsi e con la neve che cade abbondante, anche quattro metri. Deve tenere ben chiusa la cantina piena di mele e sbarrare le finestre: se l'orso sente l'odore distrugge la casa. "Siamo noi gli intrusi, lui abita qui" dice Pugelj. L'orso non si fa vedere se si cammina a piedi, soltanto in macchina con i finestrini chiusi in modo che non avverta l'odore, può capitare di incontrarlo. Ce ne sono molti. L'anno scorso sei sono stati portati in Italia nel Parco del Brenta; notizia buona: è nato un cucciolo che dal nome della località di origine è stato chiamato Mašun; notizia orribile: per dieci e anche venti milioni di lire i cacciatori italiani possono uccidere un orso, fino a un massimo di quattro ogni anno.
Il mare di Miholaščica La verde acqua. Il mare dell'abbandono, dell'estasi orizzontale, della posizione distesa. Non il mare della sfida, della prova, metafora della vita. Mare di sottrazione: spiaggia di piccoli sassi bianchi e grigi, che confina con ulivi e lucenti euforbie color argento e finocchi di mare dal verde trasparente, pali di legno a forcella levigati e bianchi per stendere le reti. Mare di paesaggio, il promontorio di Martinščica, l'isola di Levrera, abitata dagli invisibili conigli selvatici, con la sua forma lievemente ondulata appena sporgente dal mare come un miraggio nel deserto. Due ragazzi consumano il viola del tramonto succhiando lentamente i chicchi di una melagrana seduti sui sassi, l'uva bianca delle pergole è nella sua perfetta maturazione, un'abbondanza abbandonata; non si va a Levrera perché lo scirocco ha sollevato il mare che sbatte sulle forcelle pulite e nude.
...quella grande acqua spegne la sete, aiuta a capire che non è poi troppo tragico se la risacca cancella l'orma sulla spiaggia.

Dacia Maraini - Dacia nel Parco

Sono le sette di sera quando l'allegra brigata si decide a partire da casa per una passeggiata in montagna. È Dacia a decidere la meta: si va lungo il sentiero della Cicerana, verso il Passo del Diavolo, dieci minuti di auto da Pescasseroli e poi a piedi.

Tante le esigenze da conciliare.

Il maestro di violino, professore al Conservatorio di Roma, dopo aver suonato per ore e ore (si vede che la Maraini ha una predilezione per i concerti di violino, avevo pensato, mentre sentivo la musica diffusa in casa durante il giorno, e invece era lui, dal vivo), ha deciso che il tempo è favorevole per un'escursione col parapendio. Si presenta abbigliato come un astronauta.

L'attrice Piera Degli Esposti, amica storica di Dacia, festosamente inquieta, chiede un percorso non faticoso, con minime salite.

Non siamo pochi.

Attraversiamo prati e brughiere dove pascolano cavalli, mucche, pecore. Un senso di apertura e libertà, dato dagli orizzonti larghi, nonostante le montagne, dalle terre di pastorizia lambite dal ritmo epico e quieto delle mucche, dal respiro caldo delle greggi, preagricoli viandanti dal dolce sapore di latte.

Ritorna più volte nelle parole di Dacia l'immagine degli spazi liberi, dell'assenza del filo spinato che spesso recinta le campagne. La possibilità di vivere accanto ai boschi e dunque vicino agli animali, di camminare senza ostacoli né sbarramenti, ha costituito un elemento forte nella scelta di prendere casa a Pescasseroli.

La scrittrice iniziò a conoscere il luogo una decina d'anni fa, invitata dal regista Ettore Scola; cercava un posto tranquillo dove poter lavorare non lontano da Roma, e trovò questa casa dal tetto spiovente, bianca, piena di luce, arredata con mobili di bambù, nel cuore del Parco Nazionale d'Abruzzo, a milleduecento metri. Una scelta della maturità, della propria autonomia di nomade viaggiatrice per le pause di stanzialità, in cui scrivere, ospitare i numerosi amici, cucinare. Un luogo che non appartiene al passato, che non ricorda per niente l'infanzia, semmai un contrappasso rispetto alle origini.

"Lo volevo vicino agli alberi, che amo molto, ai boschi, qui pieni di animali: stambecchi, cinghiali, uccelli, scoiattoli, orsi, lupi, che d'inverno

quando c'è la neve arrivano fin quasi a casa".
I fili spinati quale fantasma dei due terribili anni di prigionia, trascorsi da bambina nel campo di concentramento a Nagoya, in Giappone, con le due sorelline e i genitori, che si erano rifiutati di firmare per la Repubblica di Salò? Una casa nel Parco per sentirsi protetta da abusi, scempi e distruzioni contro la natura e il paesaggio come antitesi della terra d'origine, la Sicilia di Bagheria?
Il parapetto di tufo che chiudeva il giardino, vedo, è smozzicato, in parte crollato… Di fianco, dove si vedeva il dorso di una morbida collina dalla grana tutta grigia e rugosa come la pelle di elefante, ora c'è una ferita nella pietra e, in mezzo alla ferita, si erge un orribile palazzetto nuovo, color rosa confetto. La collina è stata sventrata, la montagna decapitata, sconciata, gli alberi divelti, distrutti. Il paesaggio inutilmente rovinato.
"Sì, mi piaceva l'idea di stare in un Parco, bene amministrato e regolamentato, dove il fatto che non si cacci rende gli animali più vicini, dove gli alberi sono rispettati e riescono a invecchiare in pace. Bagheria è ormai una colata di cemento fino al mare. Qui mi sento protetta dalle brutture, il Parco non è un pretesto, è un fatto reale".
Di un azzurro più intenso le si ravvivano gli occhi, quando Dacia Maraini, di cui è noto il costante impegno civile e ambientalista, esprime l'entusiasmo per i faggi di cui è ricca la zona del Parco, alberi longevi di grande bellezza cui il tempo ha impresso forme scultoree e architettoniche, consapevole che si è protetti quando lo sono natura e ambiente: rispetto ai bollettini di guerra che ogni estate ci angosciano sugli incendi, nel Parco d'Abruzzo le foreste non bruciano. Funzionando i vincoli sulla non edificabilità, non esiste la mafia incendiaria.
"Io uso la parola per difendere l'ambiente. È mostruosa la disinvoltura con cui si tagliano gli alberi che non hanno voce per difendersi: si uccide un essere vivente".
E invece poi, a leggere gli antichi che hanno scritto dell'isola, si scopre che non sempre è stata così. Si scopre che qui scorrevano acque rigogliose e boschi dai grandi alberi fronzuti sotto le cui ombre riposanti passeggiavano laboriosi individui.
Il Parco Nazionale d'Abruzzo è il più antico d'Italia, istituito nel 1922 per iniziativa privata, nel 1923 per legge, con un'estensione di cinquantamila ettari, più ottantamila ettari di pre-parco, zona di protezione esterna, futura area contigua. La sua carta di identità è veramente Doc, con il primo Centro di visita dei Parchi Nazionali Italiani, istituito nel 1969 a

Pescasseroli; il primo nucleo scientifico operante in un Parco europeo, il Centro studi ecologici appenninici del 1972; la prima Area faunistica, nel 1971 a Civitella Alfedena, del lupo appenninico. La prima Riserva integrale della Camosciara nel 1972, proprio là dove il 2 ottobre 1921 era stata inaugurata per iniziativa privata la prima Riserva Naturale d'Italia.

Due milioni di visitatori l'anno, dieci milioni di alberi, in prevalenza faggi, salvati dal taglio, e trecento miliardi l'anno alla collettività locale grazie all'ecoturismo del Parco: le cifre a dimostrazione che investire nell'ambiente è lungimiranza e non limitazione al liberismo economico, come vorrebbero invece sostenere alcune voci gracchianti del potere.

Ogni giorno Dacia, che dedica tutta la giornata al lavoro salvo un'interruzione per la passeggiata, cambia meta. Le preferite?

Per camminare all'ombra c'è quella di Val Fondillo, lungo un ruscello dalle acque verdi e cangianti, disseminato com'è di sassi candidi ricoperti di muschio, dalle rive folte di salici e pruni selvatici, faggi e ginepri, i prati fioriti di carlina acaule, cardi viola, eringio azzurro. Oppure quella di Monte Tranquillo, dove faggi secolari abitano il greto del fiume e sulla cui sommità si trova il Santuario della Madonna Nera, che rappresenta un'interessante sovrapposizione del culto cristiano su quello arcaico della Dea Terra; la passeggiata della Camosciara, per incontrare i camosci. L'orso invece - cento orsi bruni marsicani sono stabilmente protetti nel Parco - si dovrebbe incontrare lungo la Cicerana, che stiamo percorrendo.

Una residua bava di luce consente a Dacia una sosta per raccogliere piccolissime mele di un albero inselvatichito.

"Mi piace raccogliere i frutti dei boschi, fragole, lamponi, funghi. Non è la fragolina in sé che conta o il fungo, quanto il gesto del raccogliere, un gesto antichissimo; chinandosi si vedono le cose da vicino, ci si accosta al microcosmo che sfugge sempre: insetti tra le foglie, farfalline, fiori tra le pietre, grilli, chiocciole, sassi".

La Maraini, esperta e appassionata raccoglitrice di funghi, scrive nel romanzo *Dolce per sé,* nato nel rifugio di Pescasseroli come altri suoi libri *(Voci, Un clandestino a bordo, Buio): Le donne sono sempre state addette alla raccolta dei cibi, è un'esperienza che sta nella nostra memoria storica... La ricerca non è soltanto funzionale a ciò che si sta cercando... è un atto di sensuale intelligenza che spinge la fantasia a concentrarsi sul linguaggio complesso della*

natura, discernendo un'erba da un'altra, un terreno da un altro...
Oltre agli amati tigli, ci sono piante da frutto anche nel suo giardino di Pescasseroli, ciliegi, meli, susini, dalla crescita stentata. Le rose sembrano resistere meglio al gelo: durante l'inverno rimpiccioliscono e anneriscono, poi nell'estate si riprendono e fioriscono. La scrittrice mette radici dove capita, come i veri nomadi: ci ha provato anche con i gelsomini sulla sua terrazza romana.
Il profumo c'è ma è così fievole e leggero, non ha niente dell'intensità quasi dolorosa dei gelsomini di Bagheria. Nutriti di altra terra, succosa e dura... accarezzati da un vento che sale su dall'Africa sviluppano un profumo squisito e sensuale.
Si rientra. Al buio. Il maestro di violino ha rinunciato, causa vento sfavorevole, al volo; Dacia si mette ai fornelli: pasta alla siciliana con melanzane, latticini del Parco e pesce. È vegetariana: "Una forma di solidarietà con i mammiferi". Mentre cucina, racconta un programma di viaggi di lavoro e di incontri da capogiro, da un capo all'altro del mondo. Come non ricordarla, *...dolcezza che sprofonda nei pozzi dell'inquietudine,* nel viaggio lungo il fiume Congo con Moravia e Pasolini, sopra un postale locale, pieno di capre, polli, pesci e i canti degli africani?

Vincenzo Consolo - La memoria del luogo

Uomini a cavallo nell'ora dell'imbrunire si dirigono verso San Fratello, un paese dei monti Nebrodi nella Sicilia orientale. Lasciano le campagne, la giornata è finita. Il ritmo del cavalcare è solenne, appena scandito da un lieve sobbalzare. L'epico passo del lavoro come misura del quotidiano, così diverso dalla turistica passeggiata. L'ombra sembra piovere giù dalla selvaggia rupe che sovrasta il paese. Vista da lontano sembra una sfinge di profilo: un nume protettivo per le popolazioni locali.

A San Fratello si parla una lingua non siciliana: un gallico-latino, arrivato in questa e altre località interne dell'isola assieme a truppe mercenarie provenienti dalla Valle Padana nell'anno Mille. Le aveva portate come dote Adelaide, di Casale Monferrato, in occasione delle sue nozze con Ruggero il Normanno, protagonista della 'reconquista' cristiana contro gli arabi in Sicilia, che durò trent'anni.

Da questa estremità linguistica e da questi luoghi si è mossa l'esperienza sentimentale e poetica dello scrittore Vincenzo Consolo, nato a Sant'Agata di Militello, ma che dal 1969 vive e lavora a Milano. Ne *I linguaggi del bosco,* contenuto nell'opera *Le pietre di Pantalica* del 1988, l'autore, attraverso uno stile scopertamente autobiografico, racconta di come avvenne la sua formazione nel bosco della Miraglia, a pochi chilometri da San Fratello, un esteso territorio naturale dei Nebrodi, ora Parco naturale.

Educazione linguistica, naturalistica e sentimentale si intrecciano strettamente per opera di Amalia (che allude alla malìa), di qualche anno più grande, una creatura-bambina di forse tredici anni. Egli deve trascorrere tutta l'estate nel bosco, in seguito a una malattia ai polmoni. Il padre dello scrittore, commerciante di legna che trasportava con il suo camion alla centrale elettrica del paese, trova alloggio per la famiglia presso il casello della forestale di Ciccardo. All'abbeveratoio, accanto alla casa, usano sostare i sanfratellani a cavallo, pastori, carbonai, boscaioli. Amalia è una ragazzina selvatica, che parla diversi linguaggi: suoni e rumori per comunicare con gli animali e la natura, sampieroto, sanfratellano e siciliano con i familiari e gli estranei.

Dietro i porci e le capre al pascolo, fu lei a rivelarmi il bosco, il bosco più intricato e segreto. Mi rivelava i nomi di ogni cosa, alberi, arbusti, erbe, fiori, quadrupedi, rettili, uccelli, insetti… E appena li nominava, sembrava che da quel momento esistessero.

Nel luogo del casello è rimasta una geometria di malta, la piccola area rettangolare che esso occupava. Intorno, il bosco della Miraglia si estende per chilometri, una straordinaria realtà naturale abitata prevalentemente da cerri e lecci. La luce si infila tra verde cupo e verde recente, esalta la pelle maculata dei tronchi. Selvatichezza e magia si intersecano.

Preceduto da rumori di sottobosco, arriva un gruppo di maialini selvatici, e dopo un prolungato silenzio appaiono tra luce e ombra le sagome guizzanti dei cavalli che in questi luoghi vivono numerosi allo stato brado. Tappeti di anemone nemorosa bianca, azzurra, rosa, si alternano alla fioritura dell'asfodelo, che ricopre interi pendii con la sua spiga rosa pallido di piccoli fiori che da lontano sembrano bianchi ed eterei. Fiore sacro ai morti nel mito, che spunta dal solido cespo di foglie lanceolate innalzandosi dalla terra come l'immagine della resurrezione.

Il bosco, cui Amalia inizia il bambino tramite l'esperienza dei sensi, assume per lo scrittore il valore di spazio simbolico attraverso il quale leggere il mondo.

Mi fece togliere le scarpe e camminare scalzo come lei. Andare su zolle, sterpi, rovi, cespugli di spino, agrifoglio, ampelodesmo.

Vincenzo Consolo uscirà dal bosco alla fine dell'estate, mutato nel linguaggio e nella pelle, irrobustito. Come non ricordare il Perceval della leggenda bretone che, entrato nella foresta adolescente, ne esce giovane cavaliere provvisto di un codice per sperimentare il mondo? Ma l'uscita dal bosco è anche lacerazione, dolore, quasi una premonizione dello strappo che Vincenzo Consolo affronterà, adulto, da quella Sicilia che non consente a un intellettuale libero gli spazi vitali.

E quando il camion fu messo in moto e cominciò a sussultare, lei lasciò lì le frasche e fuggì, sparì nel bosco, scalza, la testa nera e caprina, la vesticciola rossa.

I boschi dei Nebrodi, scampati alle numerose dominazioni, residuo vegetale di una Sicilia che doveva essere ricchissima di verde, luogo di intensa memoria per lo scrittore, alzandosi di quota diventano estese, bellissime faggete a perdita d'occhio, con il sottobosco ripulito dai secolari pascoli degli animali, dove tra pietra e pietra, sotto l'ombra verginale dei faggi, fioriscono le peonie selvatiche.

Ad Alcara Li Fusi, un paese appoggiato sotto le rocce, in cui Consolo ambienta parte del romanzo che lo ha reso famoso, *Il sorriso dell'ignoto marinaio,* la sede del parco è dominata da un esemplare di aquila reale, imbalsamata, trovata morta due anni fa. Nella piazzetta del paese la campanella suona freneticamente festosa l'uscita dalla chiesa del patrono San Nicola, sollevato a peso da decine di uomini, premuto e tirato da una parte e dall'altra da corde tenute dalle donne, con la ritualità simbolica e teatrale della devozione assoluta.

San Nicola Politi, eremita cui, racconta la leggenda, l'aquila dei Nebrodi portava il cibo. Per questo gli abitanti di Alcara proteggono l'uccello come fosse una divinità, tanto che gli allevatori si considerano privilegiati se lei scende a portarsi via un agnello dal gregge. Dalla parete a picco, inaccessibile, dove ha costruito il nido, la vediamo con il binocolo staccarsi e tagliare, alta, uno spazio d'aria sopra Alcara, come una nube. Il Santo, portato a peso, procede lungo le vie sotto il suo sguardo potente e lontano, tra canti e preghiere. Il brigadiere Aiello, della locale stazione, uomo appassionato e generoso di umanità per tutto ciò che riguarda il parco e il paese ("non ci sono nato ma lo nacqui", mi confida), si emoziona tanto all'apparire dell'aquila, che sente il bisogno di vedere ogni giorno, da sentirsi quasi male.

Il viaggio di Vincenzo Consolo dentro la Sicilia, *dal mare alla terra, dalla natura alla cultura, dall'esistenza alla storia*…, trova nei Nebrodi l'ultima rasserenante barriera verde: oltre, l'interno è dominato dalla natura minacciosa e distruttiva dell'Etna e la parte orientale dall'azzeramento delle realtà urbane provocato dal terremoto di Messina. Cefalù, dove, nel Museo Mandralisca, continua a sorridere il *Ritratto di ignoto* di Antonello da Messina, è la porta simbolica del viaggio nella storia verso la parte occidentale dell'isola.

Vincenzo Consolo, nel cui viso trovo una sorprendete somiglianza con il ritratto di Antonello, segue, partecipe e distaccato, dalla sua bella casa di Milano, dove spazi riparati e aristocratici ricordano ovattate stanze siciliane, le vicende della sua isola e del mondo. Sopra i Nebrodi, a violarne lacerante il silenzio, sfreccia un caccia con due missili sotto le ali.

Consolo non è partito per Strasburgo, ha declinato l'invito all'inaugurazione del ponte sul Reno che unisce Germania e Francia. Che senso ha, dal momento che in Jugoslavia i ponti sul Danubio sono

stati tutti bombardati?
E cosa non è forzatura, che cosa non è violentazione in quest'isola?... Tutto quello che non precipita, che non si disgrega, che non muore, è verdello, cedro lunare, è frutto aspro, innaturale, ricco d'umore e di profumo, è dolorosa saggezza, disperata intelligenza.
Sicilia, metafora dell'Italia, metafora del mondo.

Giosetta Fioroni - Il luogo delle fate

Quando Giosetta Fioroni racconta di bruscandoli e coboldi, muschi e salamandre, di elfi e picchi, lepri, talpe e grilli, la sua voce di creatura da saga possiede un registro familiare e una grazia eterea che conduce dritto dritto dentro il mondo delle fiabe, senza paure né spaventi. Là dove l'infanzia riceve la prima iniziazione al metafisico attraverso l'assenza di gravità che circonda fate, folletti e sortilegi.

Nella casa vicino al Piave, tra Ponte e Salgareda, Goffredo ed io abbiamo passato tra i giorni più felici della nostra vita... Si parlava molto di elfi, di gnomi e di salbanelli e salbani... una setta di spiritelli locali inventata da Goffredo, con possibilità magiche di ogni tipo. Sedurre le ragazze, volare, regalare, rubare, cucire... E soprattutto ridere, prendere un po' in giro tutti.

La storia inizia nel 1970 circa, quando, durante una passeggiata a cavallo sotto l'argine del Piave con l'amico Guido, allo scrittore Goffredo Parise apparve una casetta abbandonata di mattoni rosa in una radura, circondata dai *morèr* (gelsi), tra pioppi, salici di fiume, ciliegi, peschi e pruni. Dopo averla acquistata dall'anziano proprietario che si era ritirato presso la casa di riposo a Ponte di Piave, la restaurò in modo molto semplice insieme alla sua compagna Giosetta Fioroni.

Scriveva Parise sul *Corriere della sera* nel 1982: *...il centro vero e solo e unico della mia Patria lo dirò ora: è una casetta, una specie di casa delle fate, minuscola e vecchia,... che sta proprio sui bordi del Piave e spesso ne viene sommersa. A mezzo metro da una finestrella che ho fatto aprire verso nord per guardare le montagne e la neve, in maggio arriva l'upupa a trafficare per il suo nido...*

La piccola casa è annidata nella grava, parola che in veneto indica quel territorio che si stende dall'argine fino al greto del fiume, una terra di confine, non protetta, esposta alle piene; dove finisce il coltivato assolato di orti e mais, erba medica e alberi da frutto, si entra in boscaglie selvagge e fitte, di alberi sani e rami spezzati, edere cupe e salici cangianti: un breve tragitto purgatoriale che apre il varco alla visione del *fiume sacro alla patria*, come si legge prima di attraversare il ponte lungo la provinciale verso il mare. Sulla riva, tra acqua e vegetazione, un bambino con un cappellino rosso è occupato per ore nell'inane operazione di pescare e rilanciare i disgraziati pesci nel fiume. L'argine è un'altra cosa, indica che la terra di confine è finita, lo sguardo è a parità di campanile, sopra la terra lontano dal cielo.

Da questo luogo è partito l'itinerario di Giosetta Fioroni alla scoperta della natura, che ancora oggi, a distanza di anni dalla conclusione dell'esperienza veneta, lascia traccia nella sua opera di pittore.
Un contadino novantenne di nome Vittorio fu, per i nuovi abitanti della casa delle fate, l'iniziatore alle leggende e ai misteri che arricchivano il luogo di un alone surreale. Oltre al saper costruire innumerevoli oggetti con pezzi di legno vecchio: scale per salire sugli alberi, ventole per animare il fuoco del camino, trespoli, attaccapanni rudimentali, farfugliava di eventi misteriosi tra l'onirico e il fiabesco, il sogno e la fantasia con riferimento ad animalini o apparizioni che nelle notti di luna si muovevano tra i capelveneri dei torrenti o che possedevano una scia luminosa, mentre altri si cibavano di bacche. Mescolati a fatti impercettibili che si intersecavano con le stagioni, la meteorologia, le fasi lunari, l'influsso delle stelle e delle maree.
Fu la scoperta delle lepri che all'alba danzavano in piedi, del gufo che all'improvviso un giorno scese dal camino dentro *una frana di fuliggine odorosa*, del picchio che martellava il salice, delle api che formarono un alveare tra i vetri di una finestrella, della tribù delle rane che accompagnavano l'acqua di stagni e ruscelli verso il fiume.
Le lucciole girano e il sapore del mare quando è scirocco giunge ad avvertire che la partenza, se voglio, può essere imminente oppure no, a seconda dell'estro.
Fu la scoperta della dimensione magica e feroce della notte, a caccia di rane con il terribile *pungiriol* che le fiocinava dopo che erano state stordite dalle lampade.
Giosetta raccoglieva bruscandoli - asparagi selvatici - con cui fare risotti e frittate, erbe mangerecce addentrandosi nella macchia fluviale, e metteva insieme una cospicua raccolta di elementi naturali: foglie, piccoli relitti di legno e di alberi, paglie, nidi, piume e piumette di uccelli.
Giosetta Fioroni è una persona che cammina in modo molto leggero... altre volte non vista (ma noi siamo qui per guardarla quando lei non ci vede) raccoglie per terra un oggettino, oppure qualche foglia da una siepe, o delle erbe o, se in mezzo a un prato, cerca il quadrifoglio o una penna gialla di improbabile usignolo passato un giorno di lì.
Così scrisse Parise in un famoso ritratto di Giosetta, pittrice rosa.
L'esperienza del luogo isolato e primitivo ispirò allo scrittore la stesura dei *Sillabari*, un'opera essenziale grazie al particolare linguaggio segnato da signorilità e garbo ironico, composta di racconti paradigmatici alla

riscoperta dei sentimenti primari: c'è ancora chi lo ricorda camminare scalzo per i campi perché il contatto del corpo e dunque della mente con la terra fosse il più ombelicale possibile.
Il mondo fiabesco della piccola casa rosa isolata, nascosta tra i gelsi d'estate, che emergeva dalla neve d'inverno, favorì in Giosetta la ricerca intorno alle radici storiche della fiaba di magia, grazie anche alla conoscenza dei testi del russo Vladimir Propp. Tra il 1970 e il '75 realizzò un'importante serie di opere a tecnica mista, dal collage, all'acquerello, all'olio, su carta, tela, cartoncino, riunite sotto il titolo *Le leggende degli spiriti silvani*, con il contributo dell'erbario e del materiale su coboldi e salamandre di origine inglese da lei trasferite nelle storie venete insieme ai salbanelli di Parise.
Essi hanno forme svariate... corpiciattoli alati, sembianze filiformi o di intrichi vegetali, risplendenze madreperlacee... mantelline erboree svolazzanti.
Nello spazioso e bellissimo studio romano che confina con l'Orto botanico, sotto il Gianicolo, Giosetta Fioroni si muove con grazia immateriale tra i suoi teatrini, le sculture, le ceramiche, i quadri in cui l'argento - il non colore - rappresenta, nella continuità del tempo, il segno lieve e quasi sussurrato di lacerti di memoria in uno spazio azzerato e metafisico, una volta bruciata la realtà, sulla scia dei suoi maestri di elezione, Morandi e De Pisis.
La segue Petote, il foxterrier a pelo corto, che Parise chiamò così dal nome di un aio. Il suo muso triangolare - ombra/sinopia presente in tanti quadri come una firma d'autore, molto simile al cuore, immagine emblematica di Giosetta - e la grazia ondivaga, con cui si aggira tra le piante mediterranee del terrazzo/giardino che è tutto per lui, fanno pensare alla presenza di un'animula, di uno spirito buono e colloquiale.
Il grande vecchio gelso/*morèr* a Salgareda ombreggia il tavolo e le panche di legno degli antichi convivi amicali e protegge la casa.
Mi stupisco molto, dopo una scorpacciata di more bianche, di ritrovarmi l'abito inspiegabilmente macchiato di viola. Come nel mito di Ovidio che racconta la metamorfosi del gelso: le more da bianche diventarono scure. Con la differenza che quella favola è proprio tragica.

Philippe Jaccottet - La scoperta del luogo

Il sentimento dell'attesa mentre si cammina. Quante volte un'aria sospesa del mattino, un taglio di luce sulla terra rivoltata di fresco, una fila di gelsi nel silenzio sembrano nascondere un annuncio, il presagio di chissà quale incontro. Il paesaggio, la natura come nidi di epifanie. Assente l'uomo. Che pure c'è, perché è il suo occhio che guarda il paesaggio, i suoi sensi che ne fanno spazio di coscienza e conoscenza. Quasi un paradosso: paesaggi assoluti ma che sembrano esistere nell'essere scoperti, guardati. Che custodiscono ere e stagioni, la promessa di un'avventura per poi negarsi, allontanarsi e sfumare, e ancora di nuovo essere imposti dalla luce, potenti nella loro forza dinamica. Come nei quadri di un pittore che ho scoperto di recente, dove monti e montagne, abissi forse o valli che emergono dai fondali marini, si sovrappongono, al di qua di un orizzonte liberatorio o trascendente, in una concentrazione irreale di verde radioattivo: la tensione della natura che il pensiero proietta su uno schermo senza stagioni, senza corrosione, aperta alle attese, come un innocente manifestarsi lontano da ogni sguardo umano.

Ogni volta che mi ritrovo al di sopra di queste vaste distese ricoperte di cespugli e d'aria…, che vanno a terminare molto lontano in azzurri vapori, in creste ondose, in schiuma…, sorprendo, in questo periodo dell'anno, invisibili, più alti, sospesi, questi cespugli di gridi d'uccello, questi punti più o meno distanti di effervescenza canora.

Lo scrittore cammina, percorre stagione dopo stagione il paesaggio della Drome, partendo da Grignan, suo eremo-osservatorio, come è stato definito. Passeggiate di una vita, a partire dagli anni Cinquanta, quando da Parigi, volendo allontanarsi dall'ambiente letterario, Philippe Jaccottet si trasferì con la moglie pittrice in questo villaggio francese arrampicato intorno al seicentesco castello dove visse la scrittrice Madame de Sévigné.

Ne ha lasciato traccia scritta.

Da molti anni, ormai, non ho praticamente cessato di ritornare a questi paesaggi che sono anche il mio luogo di soggiorno… Ho soltanto potuto camminare, e camminare ancora, ricordare, intravedere, dimenticare, insistere, riscoprire, perdermi. Non mi sono chinato sopra il suolo come l'entomologo o il geologo: non ho fatto che passare, accogliere…

In un libro dal titolo significativo, *Paesaggi con figure assenti*, è raccolta l'esperienza dell'incontro con il paesaggio solare, a nord della Provenza, che ha impregnato Jaccottet attraverso una relazione profonda, prolungatasi oltre l'iniziale scoperta e sorpresa.
Il poeta con la leggerezza di un angelo attraversa i luoghi della natura dove il vuoto di figure diventa itinerario spirituale dell'attesa e dell'incontro. È accaduto così che, senza volerlo né cercarlo, le emozioni scaturite dagli incontri con le espressioni della natura, fiori e prati, fiumi, colline, alberi e boschi si sono trasformate con il passare del tempo in semplici ma autentiche illuminazioni, come se in esse fosse celato un enigma, un presagio non si sa da dove venuto. La scoperta della natura segnava qualcosa di ben più significativo e centrale che non un felice accordo con l'ambiente. All'opposto, rispetto all'Impressionismo che individuava nella materia luminosa la sostanza delle cose, lo scrittore è colto nel cammino da una luce segreta e nascosta del mondo che intende poi riverberare sulla pagina scritta: descrivendo la bellezza straordinaria dei fiori in un orto di mandorli mossi dalla brezza, allude anche alla loro breve durata che sottende il pensiero della morte e del fondo nero della vita da cui il pensiero mai si distrae e si allontana.
"Lo stupore nato dalla sorpresa, non dalla ricerca, rappresenta una traccia del sacro nel mondo, in un tempo in cui gli dei sono morti, spariti o svenuti" afferma Jaccottet quasi in un sussurro. *Queste cose, erbe e fiori, questi colori vividi… intravisti per caso… erbe e papaveri che incrociano i miei passi, la mia vita, prato di maggio nei miei occhi, fiori dentro uno sguardo… erbe, papaveri, terra, fiordalisi, e questi passi tra migliaia di passi, questa giornata tra migliaia di giorni.*
Il richiamo di ciò che si sottrae e si nasconde guida il poeta lungo il cammino, tra ombra e luce, paesaggi purificati dall'inverno: *Una stagione per gli angeli… potenze agili e limpide, spolette accecanti,* assenza dell'uomo e voci delle pietre, dei muri sgretolati tra cui crescono le querce, armonia delle disseminazioni di piante e fiori: *In un silenzio assoluto, una lentezza dolce irresistibile, la pianta si lacera, disperde i suoi semi, affidata al vento.*
Lo scrittore oltrepassa la soglia degli alberi: *…nella casa che non è mai chiusa, e c'è una frescura, un profumo inseparabili l'uno dall'altro,* stupito dalla bellezza dei fiori spontanei: *Ogni fiore che si apre, si direbbe che mi apre gli occhi. Senza richiamare l'attenzione. Fino al bordo del mistero che richiama brughiere sconosciute, mai attraversate.*

Guardo la terra. A volte, per un fiore sbocciato in una certa luce, per un po' d'acqua lasciata dalla pioggia in un campo, si direbbe che s'apra e che ci dica: entra. Lo sguardo vede la frontiera, un posto avanzato, perso nel fondo di una valle altissima, sulla soglia di un Tibet, la terra sembra dire: passa. Nient'altro. Niente di più.

L'equilibrio tra natura rimasta selvaggia e paesaggio addomesticato dall'agricoltura a Grignan, luogo di elezione, è autentico, anche se alla sua originaria natura di borgo francese connesso alla campagna si è mescolata una recente aria da salotto letterario di importazione parigina, secondo le tendenze del momento, che lo rende più adornato e meno vero, con dispiacere di Jaccottet. Vigneti e animali al pascolo. Prati fioriti di *Eryngium* e campi coltivati a lavanda che appaiono a sorpresa in mezzo ai boschi. Castelli virili e dirute sfrangiate rovine che addolciscono il pendio dei monti. "Questi campi mi fanno pensare ai canestri di vimini in cui si posano i fiori con precauzione, alle cassette in cui vengono stipati i pesci, a dei bacini brulicanti di una fregola dorata. Ma sono campi, distesi sotto il fuoco che li lavora e li alza, nella lenta cottura del forno celeste; mentre lì accanto, come presso il mercato cesti di vario tipo, le lavande si fondono in acqua crepuscolare, in sonno, in notte". Nonostante il caldo, circola una rara limpidezza dell'aria, equivalente a quella qualità diafana e trasparente dello spirito che lega Jaccottet alla poesia di Petrarca e Leopardi, al paesaggio della Toscana. La limpidezza che è soprattutto varco dell'attenzione, quella che suscita nel poeta la quotidiana tensione alla natura, l'interrogativo stupore sul senso dei fiori, carota selvatica o strisciante liseron des champs (convolvolo) dei sentieri solari.

Convolvoli rosa (sono probabilmente questi i gigli dei campi, che non lavorano e non filano), salutati prima di non poterlo più fare, prima di andare alla deriva verso acque sempre più fredde. Prima che l'ombra della morte passi sopra di essi come una fredda nube.

Tonino Guerra - Il respiro del luogo

La Valle risuona, vibra.
Come uno strumento vitale sprigiona echi e rimandi.
L'attesa davanti all'ingresso della casa di Tonino Guerra a Pennabilli non ne è che la conferma. In un certo senso l'itinerario verso questo straordinario poeta e artista ha trovato nell'incontro con lui non l'inizio di un cammino ma un sigillo illuminante. "Una dolce ansietà d'Oriente" prende forma dentro il tempo che dura la sosta all'aperto, prima di entrare, con il respiro di tutta Valmarecchia sotto. C'è il tintinnio argenteo di un piccolo silofono appeso sotto il portichetto che risuona quando il vento caldo e asciutto, vento di mandorli, sfiora i segmenti di metallo.
Musica da dove? Dalle chiese d'Oriente, dal dondolio delle mandorle, dalle crepe nei muri, dalle pietre che si sgretolano, dall'acqua del Marecchia che sosta sui sassi o musica dall'anima? Dalla suggestione forse del Gelso della Pace piantato dal Dalai Lama nel 1994 che ho visto nell'Orto dei frutti dimenticati, una sorta di Museo dei sapori creato da Tonino nel centro del paese? O non è invece un'unica misteriosa mescolanza?
Appesa all'intonaco rosa un'icona di terracotta che disegna un grappolo d'uva sembra maturare al sole. I gatti, richiamati da un'abbondante ciotola, all'inizio sono due poi quattro alla fine non li conto più.
A Sant'Agata Feltre, lungo la strada per Pennabilli, mi ha dissetato l'acqua di una fontana a forma di lumaca allungata. È di Tonino Guerra, e non l'unica tra l'entroterra e la riviera romagnola. Sì, ho capito il messaggio, rallentiamo un po' il tempo. E cerchiamo di ritrovarlo attraverso le ombre delle meridiane che l'artista ha disseminato lungo una via del paese, riscoprendo un modo antico di camminare.
Qualche ora dopo, l'ipnotica ora del tramonto sembrava indicarmi la torre, svettante immagine della solitudine ventosa, come meta lassù sul monte di Bascio alto. Non risultò un luogo disabitato. Sette personaggi che hanno lasciato traccia in questa magnifica valle vivono là, nella memoria del Giardino pietrificato creato da Tonino Guerra.
Un tappeto di ceramica multicolore che affiora nell'erba racconta la storia di una parigina andata sposa a un capitano dei Carpegna, antica stirpe aristocratica della zona, la quale credeva di venire ad abitare in una grande città, magari Firenze; si trovò a vivere invece in un piccolo borgo pieno di mattoni cotti dal sole. Così lei correva in cima alla torre

gridando: Paris, Paris, aiuto!
Um vén in amént/ che drointa sta vala/ l'è pas Dante, Giotto e Pound/ e intènt mé a so qua/ soura i sas de Marèccia/ e la mi vousa la s'afoga te vént (Ricordo/ che in questa valle/ sono passati Dante, Giotto e Pound/ e intanto io sono qua/ sui sassi del Marecchia/ e la mia voce affoga nel vento).
Tra microcosmo e vaste aperture dello spazio e della mente si dipana la poesia di Tonino Guerra, che scoprì bellezza e profondità della lingua romagnola durante il periodo della deportazione nel campo di concentramento di Troisdorf in Germania, quando i compagni prigionieri, molti dei quali romagnoli, gli domandarono di scrivere qualcosa in dialetto.
"Ho pensato che i grattacieli di New York sono stati scritti da parole dialettali" commenta Tonino Guerra.
La Valle risuona del suo poeta, un respiro avvolgente li comprende entrambi. Con gli amici ha cercato molte volte la sorgente del Marecchia. Fino a quando un vecchio, indicando un vasto prato ombroso in collina, gli disse che era quella la sorgente: la rugiada che, cadendo dall'erba, dava origine alla primigenia bavetta d'acqua del fiume.
"Provo tenerezza per il paesaggio" mi confida Tonino. "Più invecchio e più lo guardo con attenzione e benevolenza, quasi una richiesta di aiuto alla natura e agli alberi coetanei. Quando vado in Russia, guardo con stupore mia moglie e gli amici che si aggrappano a vecchi tronchi per ricevere forza."
Il sentimento verso le piante soggetti viventi lo fa sentire vicino ai monaci Zen che seppelliscono fiori caduti o piccoli rami spezzati.
Di quanto ha scritto o raccontato intorno agli alberi, mi piace ricordare la storia di un contadino che aveva piantato un ciliegio assieme alla moglie, la quale morì ancora giovane. Tutti i giorni lui andava a sedersi appoggiando la schiena al ciliegio. Un giorno, mentre era al mercato, sentì di dover correre nel campo. Dopo essersi seduto, gli caddero addosso dei petali: come se ci fosse un contatto.
I ciliegi li ha anche difesi, scrivendo manifesti sui muri, per invitare contadini e possidenti a "…non abbattere i grandi ciliegi che tutte le primavere sorridono alla gente che passa sulla Via Emilia…".
Gli piacciono i fiori del malvone, dalla stagione autonoma e prolungata, adatti al suo giardino di mandorli. Non ne abbiamo parlato: quei fiori gli ricordano forse le farfalle?

Contento proprio contento/ sono stato molte volte nella vita/ ma più di tutte quando mi hanno liberato/ in Germania/ che mi sono messo a guardare una farfalla/ senza la voglia di mangiarla.
Talvolta Tonino Guerra ha la sensazione di sciogliersi nel paesaggio, nella suggestione vibrante della pioggia. Ne è talmente appassionato da averle dedicato una fontana, inaugurata in agosto a Riccione: *Il bosco della pioggia*, si chiama. Forse anche un ideale autoritratto, il suo emblematico riconoscersi nella liquida musicalità della natura.
Oppure gli sembra di allargarsi dentro i veli di neve che sconfinano sulle montagne e gli fanno sentire di avere quel vento.
Ieri mi divertivo un mondo/ a guardare la neve che ricamava/ gli alberi attorno casa/ ma non mi aspettavo di pensare/ proprio in quel momento/ che tutte le feste hanno una vita corta.
Non smette mai di inventare; nell'intreccio fertile di realtà e fantasia scaturiscono idee e progetti, le opere letterarie - preziose occasioni di riscoprire poeticamente ed emotivamente le cose attraverso un'incantata affabilità di linguaggio - i capolavori delle sceneggiature cinematografiche accanto ai più grandi registi del mondo, il mondo surreale dei pastelli e le ceramiche. Immagina Valmarecchia come un grande Parco frantumato composto di piccolissime schegge: un albero di mille anni, un pozzo, una pietra con una storia da raccontare, una sedia. Con i massi rotolati dalla montagna nello Storena, piccolo affluente del Marecchia, in cui nel Cinquecento si dissetavano gli astori usati per la caccia, vorrebbe fare un parco di cento metri.
In occasione di un suo compleanno, i giornali hanno ampiamente riportato la cronaca della festa che la Valle gli ha dedicato, con la presenza di tanti amici da tutto il mondo nella sua casa ricca di mille frontiere, che odora di sgargianti colori orientali, di arazzi armeni simili a giardini. Con le fotografie degli amici cari che qui erano di casa: Fellini, Giulietta Masina, Mastroianni.
Si considera l'uomo del dubbio.
"Sarebbe magnifico" afferma, "invece che portare a passeggio un cane, portare a spasso l'eternità".
Simile all'infinito che il poeta vedeva da ragazzo quando arrivava in bicicletta al mare, "che non ci stava negli occhi".
...e stavano con gli occhi/ a guardare dentro la nebbia dove faceva più chiaro,/ e Rico le diceva di avere pazienza/ ché da un momento all'altro arriva il mare.

II

Ippolito Pizzetti - La metamorfosi del luogo

Uno strano calendario della fedeltà segna i miei incontri con Pizzetti. Appuntamenti decennali, ho scoperto, nella sua casa romana al quinto piano, quasi un giubileo personale tra botanica e paesaggismo, un'intervista a puntate che diventa dialogo sulla vita e le piante, i parchi e i libri, i gatti - quanti gatti - e gli amori. Dalla prima volta quassù, e sono passati intanto ventidue anni, l'ampio panorama sembra sempre uguale: la città di Roma sconfinata ma tanti cieli e nuvole, spazi e orizzonti.

D'inverno la notte... lo stridere della banderuola percossa e rigirata dal vento è l'unico suono che sento... Le folate del vento, la banderuola che stride: sono ormai casa mia, ci abito dentro.

Robinson in città, titolo di un suo delizioso/malinconico libro, è un Bildungsroman, una sorta di Zibaldone formativo sulla costruzione di sé tra il divenire e il tempo interiore, partendo dall'osservatorio-casa in cui abita da quarant'anni, quasi vivesse sopra un'isola o una nave, galleggiando sulla città, sui cedri e i *Pinus pinea* visti dall'alto come piedistalli per le cornacchie nero-grigie che in bilico ne fanno dondolare le fronde, sulle meteore portatrici e portate dal vento, sull'apparizione/sparizione della luna (compagna o compagnia?). Sospeso sull'attesa.

Dove eravamo rimasti l'ultima volta, dieci anni fa? Ah, sì ricordo: *Eugenia myrtifolia* e *Jasminum azoricum*, piante mediterranee trapiantate dal tuo al mio terrazzo lombardo. Ci sono ancora, la prima poi è cresciuta tanto che ogni volta che la devo trasportare in serra, pesante com'è, mi viene un pensiero maligno: Pizzetti, ma che regalo mi hai fatto? Se poi ci aggiungo quanto mi hai detto allora, che all'Orto botanico di Napoli sono alberi enormi...

Il vento riallaccia il tempo, annulla le distanze degli anni, simile alla forza magnetica di luogo immutato che Itaca esercita su Ulisse, come scrive Pizzetti. Vento di luce, di stagioni, di scricchiolii, di vetrate. Vento di spazi. Di corvi e cornacchie. Ha prolungato gli orizzonti, questa è la sensazione. Vento di formazione, di cui la scrittura *Robinson in città* si fa interprete.

Com'è il passeggiare di Pizzetti oggi? Diverso.

Un tempo bastava che si muovesse a piedi in luoghi di vegetazione perché gli venisse sottoposto ogni genere di elemento, foglia, bacca,

fiore, atto all'identificazione della pianta: un assedio di neofiti e ammiratrici.
Ippolito Pizzetti botanico, linneiano e umanista, creatore di giardini, profondo conoscitore di Tolstoj e Stevenson, suoi maestri, scrittore e pioniere interprete del sentimento del giardino e del mondo vegetale.
Pizzetti oggi: uno sguardo di più vasto respiro, oltre le specie ormai acquisite e assimilate per comprenderle nella loro relazione con lo spazio. Pizzetti paesaggista, impegnato nel dibattito sugli spazi pubblici e la ridestinazione dei luoghi dismessi, docente di progettazione del paesaggio presso la Facoltà di architettura all'Università di Ferrara.
Entriamo nel vivo. "Ho imparato molto più io dagli architetti che gli architetti da me", afferma con una punta di amaro compiacimento, mentre si addentra nel delicato campo del paesaggismo, materia ancora embrionale nella cultura italiana.
Spaziando dall'approvazione per il nuovo assetto urbanistico di Piazza del Popolo a Roma, ripulita dalle automobili, a disposizione di eventi e manifestazioni, alle riflessioni sulla differenza tra parco pubblico, luogo dell'artificio che necessita dell'intervento creativo e parco naturalistico di competenza degli ambientalisti. Versailles o il Parco del Pincio all'epoca della loro vitalità rappresentavano per il pubblico un'esperienza di teatralità e fantasia grazie al succedersi di eventi: feste da ballo, spettacoli di marionette, concerti di bande musicali e parate militari. Durante il passaggio da luogo della grande aristocrazia a luogo pubblico, il parco ha subito un fortissimo cambiamento, nel peggiore dei casi diventando rifugio dei tossicodipendenti e della prostituzione.
Ed ecco riapparire Pizzetti botanico, quello della rubrica *Pollice verde* su *L'Espresso,* di cui rimanemmo orfani quando si interruppe la collaborazione con il settimanale, che ha educato generazioni di appassionati nel settore, sottoscritta compresa, aprendo orizzonti del tutto nuovi nel retrogrado panorama italiano per quanto riguarda la cultura della natura e del paesaggio.
"Non solo i miei studenti ma anche molti paesaggisti devono costruirsi una conoscenza botanica, attraverso un rapporto personale con le forme degli alberi".
L'uso dei platani, albero delle rive, per fare un esempio, copiato dalla Francia napoleonica nei viali, avrebbe un senso se fosse conservato loro disegno e forma che gli appartengono, mentre le imprese li capitozzano

in modo selvaggio. I giardini privati di Ferrara sono fatti quasi tutti con conifere, estranee all'ambiente, mentre nei boschi intorno alla città dove un tempo gli Estensi cacciavano predominava la quercia, che è stata esclusa dal giardino, considerato luogo di agiatezza e ricchezza, vittima di un pregiudizio villano.
"Naturale è rispettare le condizioni climatiche e conoscere la botanica che ti dà dei limiti precisi, non visivi ma di sussistenza", afferma Pizzetti a proposito della scelta di essenze indigene in un luogo. Che cosa sarebbe il paesaggio siciliano senza gli agrumeti o i ficus nelle città, che non hanno nulla a che fare con l'autoctono? O la Toscana senza i cipressi, che Orazio definiva piante da nuovi ricchi? Il paesaggio è un incrocio.
Ippolito Pizzetti sa ascoltare la suggestione di un luogo: non si può essere né paesaggista né giardiniere senza la dimensione dell'attesa. Come è accaduto a Bolgheri, nella proprietà di un produttore di vino, che voleva uno spazio di riposo tra i vigneti e la casa. Pizzetti, immaginando l'estensione del vigneto come un mare, la casa con giardino e piscina un pontile, propose una fascia intorno al pontile con siepe di Prunus spinosa, e una seconda con biancospino che fiorisce più tardi: la spuma della risacca intorno al mare-vigneto.
Ho cominciato a pensare e a poco a poco il fruscio delle fronde s'è sostituito ai miei pensieri. Fossero state Sirene, quegli alberi, avrei perduto con l'oblio la mia forma nelle loro foglie.
Pizzetti ovvero la metamorfosi: la sua religione. Dalla cultura greca ha ereditato l'ideale della continuità e del ritorno, che applica anche nel paesaggismo, proponendo nel luogo di un ex cimitero a Monfalcone un giardino con il carattere e il senso delle stagioni. Spazio in attesa: dalla morte alla vita.
Dal suo sentimento profondamente pagano in cui si mescolano visione greca e mitologia nordica wagneriana, deriva l'insopprimibile bisogno etico della bellezza, fondamentale in ogni scelta della sua vita. Che è anche la chiave per interpretare molti suoi rifiuti: "Il primo rifiuto fisico che ho provato è legato all'orrore per le mascherature totalitarie del fascismo".
Il vento, che trasporta nelle nuvole corvi e cornacchie e avvicina la luna oltre l'abbaino sopra il letto, che abbia spazzato via le piante dal terrazzo, questa volta vuoto, facendole migrare verso altri terrazzi, altri

giardini, altri luoghi, come il senno di Orlando nei valloncelli lunari? Dal tavolo di cucina arriva la bellezza dei papaveri in un bicchiere: da come Pizzetti li guarda, sono sicura nascerà una pagina.

Mario Rigoni Stern - Il bosco racconta

Invidiatemi pure, ne avete motivo.

Sì, sono andata nel bosco con Mario Rigoni Stern.

Proprio lui, l'autore de *Il sergente nella neve,* romanzo-memoria che dal 1953, anno della pubblicazione, ha commosso intere generazioni di giovani e adulti.

Una domenica mattina d'inverno, in abbigliamento forestale e un bastone di tasso, il legno eterno, che gli ha fatto un amico, lo scrittore mi accompagna camminando sulla neve partendo dalla sua casa rosa sull'altipiano di Asiago. Che si costruì da solo più di trent'anni fa, per vivere con la moglie Anna più vicino alla montagna: "È l'ultima casa abitata stabilmente tutto l'anno", commenta, e si trova a un tiro di voce da quella dell'amico Ermanno Olmi.

Il bosco di Rigoni Stern.

Luogo di formazione di un'intensa esperienza biografica, di meditazione letteraria, laboratorio della conoscenza e del sapere, stupore quotidiano. "Questa notte sono passati lepre e volpe, le tracce sono fresche. A volte, la volpe mi entra anche in casa".

Succede che i due animali vadano di conserva, l'una tenta di catturare l'altra. La lepre, invece, e il capriolo sono ghiotti delle piante di melo che, accanto alla casa, compongono l'*Arboreto salvatico*, insieme a tutti gli altri alberi raccontati nel libro omonimo: larice, faggio, tasso, betulla, sorbo, persino una sequoia. Fuori dal suo ambiente naturale, si trova qui, donata da un signore di Torino, che nel 1915 e 1916 fu su questi monti di battaglie, come ricordo dei compagni morti.

Dal brolo inizia il nostro itinerario. Dai meli di montagna, varietà adatte al freddo, con il tronco protetto da coperture di plastica, alzate, mano a mano cresce il livello della neve, contro lepri e caprioli.

"C'è maggiociondolo e citiso alpino per loro".

Vicino a casa, sulla neve si intrecciano fitte le orme. Mi viene in mente quel racconto contenuto nell'ultimo libro di Rigoni Stern *Sentieri sotto la neve*, in cui l'orto diventa il luogo concreto e magico dell'incontro tra animali e uomo: fringuelli dispettosi, temibili cornacchie, confidenti scoiattoli. Un guardarsi da pari attraverso un approccio assolutamente non antropomorfico, familiare e rispettoso, da cultura multietnica.

Dentro il bosco le tracce diventano più rade e anche più leggibili.

L'impronta di un'arvicola "che finirà in bocca alla donnola" sparisce in quella nitida del capriolo e di nuovo la volpe.
Il bosco di pecci - abete rosso - con qualche faggio è alquanto antropizzato. In parte per gli antichi pascoli, ma soprattutto per le distruzioni e i danni gravissimi causati dalla prima guerra mondiale all'ottanta per cento del patrimonio forestale.
"Qui" racconta lo scrittore, "non vi è metro dove non sia caduta una bomba. E molti boschi furono usati come legname".
Nel 1998, in occasione del conferimento della laurea in Scienze forestali e ambientali all'Università di Padova, Rigoni Stern nel contesto della sua Lezione magistrale scrisse: *Si può affermare che sull'Altipiano non c'era angolo dove la guerra non avesse lasciato il suo segno... L'immagine di quel paesaggio innaturale era l'immagine stessa della guerra, ma gli occhi del bambino che ero cercavano i fiori sui prati, le fragole nelle radure... Le cose degli eserciti, oggetti a noi strani e affascinanti, diventavano strumenti di gioco; non ci accorgevamo dei tronconi nudi e secchi degli alberi, delle ferite della terra: crescevamo come la prima vegetazione che stava ritornando...*
I boschi, ricostruiti circa ottanta anni fa, stanno diventando naturali e fra venti avranno raggiunto la maturità.
Qui, dove nel 1919 era tutto giallo, il terreno malato e avvelenato si sta purificando grazie agli alberi, patiti e sofferenti sì, ma in grado di bonificare con l'humus prodotto da rami, erba, foglie. Per stare bene, occorre che il bosco sia composto da piante di età diverse, affinché il vegetale grande protegga quello piccolo, e misto, con presenza di faggi che favoriranno il ripopolamento del bosco.
Nel fitto dei pecci carichi di neve, lo scrittore si orienta come gli animali che, presenti e immateriali, hanno lasciato di sé labili tracce. Passando, il capriolo ha lasciato sul filo un ciuffo di pelo grigio. È lui a notarlo: "D'estate il pelo è rossiccio. È una femmina perché le unghie sono divaricate, e queste orme più piccole sono del giovane, forse il figlio. Ecco, là, vedete le orme del capriolo maschio adulto, si riconosce dalle unghie unite. Quante cose succedono, mentre noi dormiamo".
Le quasi identiche parole di mia madre, sulla neve tra cespugli di pruno selvatico dove le peste degli animali aggrovigliate parevano la sinopia di una lotta per accaparrarsi le drupe: "Che festino c'è stato questa notte".
"La lepre questa notte ha mangiato sulla rosa canina, le punte sono tutte rosicchiate; vedete dove si ferma la traccia? E soltanto in alto

sono rimasti i cinorrodi, perché in basso se li è presi il capriolo. Ha mangiato anche le punte ultime del ginepro, e quelle dei lamponi. Sento, dall'odore di carne marcia nascosta nella tana scavata tra le trincee e i sassi smossi, che la volpe si trova qui vicino".
Cosa darei per vedere l'urogallo, che i cacciatori dell'altipiano di propria iniziativa esclusero dalla caccia anche quando la legge la consentiva. L'uccello mitico che abita queste montagne dalla preistoria, animale sopravvissuto alle ultime glaciazioni insieme allo stambecco, *lo spirito della notte che chiama il giorno*, come ha scritto un autore russo. "Meglio l'urogallo che i turisti", commenta con orgoglio lo scrittore, che ci parla delle antiche leggi che governano l'altipiano risalenti all'epoca longobarda, agli Arimanni. Secondo la Reggenza dei Sette Comuni la proprietà collettiva dei boschi appartiene alla comunità dei vecchi residenti. Un tempo i redditi venivano usati per pagare i medici, i maestri, per soccorrere i meno abbienti, ora con le entrate vengono migliorati i pascoli, le malghe, i boschi. La proprietà è inalienabile: è sufficiente uno solo che si opponga, ad esempio alla costruzione di una seggiovia. Così il bosco si salva.
Cosa darei per vedere un ermellino. O la danza rituale delle lepri in una notte di luna: non è lontana la stagione degli amori.
Rigoni Stern ne parla con confidente affascinante esperienza. Marmotte e tassi ora dormono, dopo avere, questi ultimi l'estate scorsa, rovinato il giardino di Olmi, ma guai se non ci fossero loro a ripulire il sottosuolo dai nidi delle micidiali e subdole vespe germaniche.
La vita notturna nel bosco di montagna.
Segni impercettibili, vasti silenzi, passaggi misteriosi, presenze che si offrono più nel sottrarsi che nell'esibirsi. Lo sguardo acuto e profondo di Rigoni Stern ha già compiuto il censimento: quante lepri volpi caprioli, un solo cervo.
Ecco che riprende a nevicare, chissà se la rosa canina si abbasserà abbastanza da consentire ai caprioli di pascolare i cinorrodi più alti.
Ma che nome ha questa neve nella lingua cimbrica dell'altipiano, dopo la *sneea*, la neve invernale, è forse la *swalbalasneea*, la neve di marzo o della rondine *che è sempre puntuale nei secoli*, come leggiamo nel delizioso racconto *Nevi*?
La neve, sopra la quale sprofondano i passi del ritorno, confondendo i nostri con quelli delle lepri, traccia una linea di confine strutturale nel

pensiero e nell'esistenza di Mario Rigoni Stern, scrittore in montagna anche per un dovere di impegno ambientalista e civile. Guerra e pace si incrociano nell'ondulato incanto del silenzio nivale, dall'evocazione delle tragiche battaglie sul Don vissute in prima persona dal sergente Rigoni, alla memoria addolcita che, come una mano pietosa, la neve ricopre.

Lassù la montagna è silenziosa e deserta... La neve che in questi giorni è caduta abbondante ha cancellato i sentieri dei pastori, le aie dei carbonai, le trincee della Grande Guerra, le avventure dei cacciatori. E sotto quella neve vivono i miei ricordi.

Francesco Biamonti - Lo sconfinamento del luogo

Sorprendono, nella luce abbagliante d'inverno, i piccoli cespugli di globularia, un celeste appena velato sopra gli steli rigidi, appartenenza della pietra e della siccità della brughiera. Sorprende l'azzurro slavato dal sole, come l'intonaco delle case aggrappate ai monti, scoperto tra i sassi, mimetico nel paesaggio arido della Liguria di fronte al mare. Tra pini di Aleppo la strada sembra spiccare un salto direttamente nel mare e, verso monte, finendo in sentiero si perde poi in aspre, scoscese salite lungo il confine italo-francese. La pietraia fiorita di vedovelle celesti anticipa il percorso accidentato che, salendo attraverso i valichi, incontra salti e voragini. Passo della morte, lo chiamano da quelle parti il punto più rischioso di questo passaggio, tentato da un inquieto avvicendarsi di clandestini curdi, arabi, africani verso la Francia, non sempre guidati dai passeur locali.

Lentischi e rosmarini, sfiorati dai suoi passi, mandavano un aroma sottile. Poi il sentiero solcava una pietraia, dove non crescevano che vedove celesti. Da lì lo spazio si apriva su una luce che errava sul mare e lo scolpiva. L'Esterel, in lontananza, prendeva il tono dell'azzurro pomeridiano.

Passi sulla terra e sconfinamento. La luce come misura della realtà e del sogno, l'azzurro quale apertura sull'infinito. In questo luogo di confine tra mare e Liguria verticale, rocciosa, ... *un paesaggio scosceso, senza pace, così posseduto dal mare...*, vive lo scrittore Francesco Biamonti. Nell'entroterra di Ventimiglia, lungo i cui crinali si muovono le sconfinanti figure notturne dei suoi romanzi. *Le marin de la terre,* lo ha definito una rivista francese.

La voce dello scrittore sembra provenire da una sponda lontana: poco più che un sussurro, conduce agli inesplorati confini del silenzio dentro il quale soltanto prendono forma gli spazi dell'anima e le percezioni della natura. Anche alla scrittura è necessaria la lontananza secondo Biamonti, *Je vous écris d'un pays lointain,* dice Michaux, nel senso che si scrive sempre sul confine di qualcosa: realtà e sogno, finito e infinito, mare e cielo. È nel destino umano abitare un mondo ma anche sognarne un altro. Il divino stesso per manifestarsi ha bisogno di toccare le rive del silenzio. Per questo lo scrittore ha posto come fondamento a *Le parole la notte* il *Quartetto per la fine del tempo* di Olivier Messiaen, il musicista francese che grazie a questa composizione fu liberato dai nazisti.

...la musica... Non era molto diversa dal canto del tordo che, sere prima, aveva intonato la liturgia del tramonto. La stessa doppia voce, lo stesso calmo andamento, e le rive di silenzio. Un violino rispondeva alle invocazioni di un pianoforte e se ne andava sempre più in alto lontano dalla terra.

Francesco Biamonti vive in questo entroterra ligure da sempre, nel paese che non essendo provincia né altro consente di spaziare liberamente con il pensiero, di scrivere da lontano. Da sempre è a stretto contatto con la terra, con la sua campagna coltivata a vigneto, ulivi, rosmarini, dove si trovano i cedri piantati da suo padre che, botanicamente, mirava all'altrove, e la *Chamaerops humilis*, la palma europea della macchia mediterranea; occupato, come tanta popolazione di questi luoghi, con la coltivazione delle specie da taglio, ginestre monosperma dai bianchi fiori che mescolano il loro profumo alle trecento piante di mimose in fioritura da novembre a marzo a seconda delle varietà. Dalla *Denis Boden*, la prima fioritura, alla Mirandole, un tripudio solare in pieno inverno, a *Le Gaulois*, l'unica mimosa dal nome maschile perché è la più vigorosa, che fiorisce a marzo insieme a *La Claire de lune*, dai piccolissimi glomeruli giallo chiaro.

Era una Denis Boden o una Waldorf... Un tempo venivano coltivate ad Avrigue su tutte le terrazze, anche sotto gli ulivi, che le proteggevano. Partivano per Vienna e per Praga i rami recisi. Avevano dato da vivere anche se rendevano poco...

Biamonti non ama il fiore di mimosa: "È troppo giovane e senza mistero" dice, "è un fiore piatto".

L'immensa popolazione degli ulivi compone nell'opera di Francesco Biamonti una partitura di moderno francescanesimo creaturale. Mentre viene messo in evidenza lo spessore temporale della loro coltivazione - contraltare alle mimose, di relativa recente importazione dall'Australia - è delineata la rapida percezione con cui i sensi scoprono gli elementi del paesaggio.

Che ne sarà un giorno dei miei ulivi con la loro purezza francescana? Dei loro licheni, delle loro muffe? Lavorano notte e giorno, sotto il sole e sotto le stelle per aggiogare la terra al cielo...
Alberi toccati dal cielo, pensava, alberi della grazia con le radici affondate nei secoli...
L'uliveto soprano stava aggrappato a un pendio ripidissimo, come una grande farfalla dalle ali polverose...

Il paesaggio dopo Cézanne e Van Gogh, secondo Biamonti, è un autoritratto: gli elementi percepiti anche inconsciamente modificano il nostro pensiero e il nostro atteggiamento nei confronti del mondo. "Il paesaggio non è semplicemente lo scenario naturale, è anche un soprassalto di emozione metafisica: io mi baso sulla luce romanza, provenzale che, portando alla tragedia a poco a poco, consente uno sviluppo narrativo, a differenza della luce greca che conduce subito alla tragedia". Tra la costa ligure investita da speculatori e trafficanti e l'abbandono spettrale dell'entroterra, Francesco Biamonti si affida a un paesaggio ventoso e solatio, restituendo attraverso il linguaggio lirico della luce lo sbalordito stupore delle emozioni. Mentre le parole dei protagonisti della sua opera sono sospese sull'orlo di un notturno abisso, simili ai passi dei clandestini che come ombre transitano nei luoghi. L'aria che circola tra le cose, l'approccio astratto e sensuale insieme della pittura di Cézanne, è molto presente nelle sue pagine.

L'ombra era rossa sotto le rose. Un mandorlo splendeva ancora, di una luce punteggiata… Tirava la brezza della sera. S'impigliava nella tenda e nella luce di una quercia ancora carica di foglie secche.

Finalmente si abbassa l'accecante luce romanza del Mediterraneo nordico, avanzano lentamente le ombre e possiamo riposare gli occhi. Riaprirli. "Preferisco gli altri fiori del Mediterraneo" riprende Biamonti, "i mandorli e i mirti, che hanno del nero nel cuore. Con questi fiori si può fare un cammino, che conduce dalla vita alla morte". Lo scrittore apre lo sguardo, spesso piegato per eccesso di luce o come traccia dell'animo assorto a cercare il silenzio. Mi sorprende il colore dei suoi occhi. Lo stesso azzurro della globularia, la vedova celeste.

Luciano Erba - Lo spazio intermedio

Appendice dell'abitazione? Nostalgia di un'assenza, mancanza d'altro? Fortuna di un pezzo di cielo o malinconia della vita in città? Poco più che una finestra, o già piccolo giardino? Che cosa significa coltivare piante non nel libero terreno ma al terzo, quarto piano, sospese tra aria e nuvole? Un equilibrio delicato. Lì, sul terrazzo, non ci sono i vegetali ad alto fusto a schermare quelli piccoli dal sole, né la libertà sotterranea che consente alle radici della pianta, pur costretta al posto fisso, di vagare nel buio spazio della terra.
Da dove vengono le specie che abitano il terrazzo, che cosa le ha portate fin qua sopra e perché proprio queste e non altre? Quante domande. Che mi sorgono visitando nel tempo il terrazzo del poeta milanese Luciano Erba. Forse ho capito: altro che appendice della casa, spazioverdearredato di una dimora borghese. Tutte banalità. Il terrazzo degli Erba (cioè Luciano e la moglie Mimìa) è un microcosmo, una storia. Custode della memoria biografica e immagine del solido intreccio coniugale.
Professore universitario di letteratura francese in Italia e negli Stati Uniti, studioso e traduttore, Luciano Erba, insignito nel 1989 del prestigioso *Librex-Guggenheim Eugenio Montale*, è autore di numerose raccolte di poesia, tra le quali *Il nastro di Moebius*, *L'ipotesi circense*, *Negli spazi intermedi.*
Milanese doc, nato e vissuto a Milano, abita in questa casa al quarto piano dal 1932. Base di tutte le partenze e di ogni ritorno: .../ *attendo l'alba/ il viso più cancellato possibile/ nella città opportuna, in una casa/ di maniglie d'ottone e porte bianche/*... La casa come clessidra che ribalta il valore del tempo: ...*varcare la soglia di casa, significa per me entrare in un'altra dimensione, detto più solennemente accedere alla cavità archetipica del tempo: ma un tempo bene educato, silenzioso, discreto; quasi neppure esistesse.*
Il racconto del terrazzo parte dall'agosto del 1943. Durante il pesante bombardamento che provocò migliaia di morti a Milano, Erba, rimasto il solo nel suo caseggiato, salendo dal rifugio trovò l'appartamento in fiamme e, mancando l'acqua, si servì della terra dei vasi, che già allora arredavano il terrazzo, per spegnere il fuoco.
A materializzare il mito di Erba per l'albero di ciliegie assente nella sua infanzia, il terrazzo si è popolato come un frutteto, quasi segno della

solidità e concretezza del luogo. Melo cotogno, caco, uva americana, lamponi, ciliegio, nespolo del Giappone, a sostituire quello morto a causa del gelo dell'85, che aveva più di cinquant'anni, e i due albicocchi che producono, dentro un vaso al quarto piano nel cuore di Milano, da fare invidia ai broli di campagna assediati dai parassiti.
Albero di tutto rispetto è il ligustro, cresciuto sul terrazzo al posto di un lillà per errore del vivaista, con la chioma che sporge dal parapetto e che nel cuore dell'estate Mimìa rivolge all'interno, per avere un'ombra sotto la quale leggere. Il gusto della composizione e dell'armonia, il criterio dell'invenzione non del calcolo, l'emozione dei cinque sensi, guidano la cura del terrazzo.
Ecco allora i colori della betulla e del *Cotynus*, la lantana per strofinarsi del suo profumo nel passaggio, l'issòpo, citato nell'introito della Messa in latino, per la sua evocazione verbale, la celidonia per curare le verruche, una pianta di mirto riparata contro il muro, le erbe aromatiche portate dalla Turchia assieme a un libro di ricette.
Il terrazzo come scacchiere compositivo, dal piccolo al grande, marcia di avvicinamento ai bisogni, luogo di verifica della congenialità.
"Luciano è fortunato ad avere qualcuno che fa come piace a lui". Ma sull'annaffiatura non sono d'accordo. Automatica la vorrebbe lei, assolutamente manuale lui.
"Il gesto dell'annaffiatoio è quello dell'Acquario, penultimo segno dello Zodiaco, un segno di bontà, generosità, d'aria, nonostante il nome", mi scrive Erba in una lettera.
Non sanno le donne, no, non sanno/ che cosa mi fa pensare a loro/ ...la ricordavo che bagnava i fiori/ con un annaffiatoio da bambini/ ...
Pur protetto da parapetti e stuoie cinesi, il terrazzo è un osservatorio sul molteplice, sulla vita fuori di sé, *alle frontiere dell'io,* ha scritto Erba. Proprio di fronte, un'enorme gru dal braccio che passa lunghissimo e non si sa come faccia il contrappeso a bilanciare ogni volta quei carichi che solleva, viene seguita come un fantastico giocattolo, che gli ricorda i pezzi del meccano infantile. Un paesaggio di tetti, che prima della ricostruzione delle basse case bombardate, nelle giornate di vento, consentiva di vedere le montagne, Grigne e Resegone.
Questo azzurro di luglio senza te è attraversato da troppi neri rondoni/ che hanno un colore di antenne/ e il taglio, il guizzo della tua scrittura/ ...
Sul terrazzo, esposto a oriente, petunie, campanelle, astri, fiori semplici

e comuni, sono prediletti dal poeta perché legati alla memoria delle fioriture nelle piccole stazioni della Milano-Genova, tra Voghera e Tortona, dove si fermava il treno delle vacanze. Treni e stazioni, assieme a sambuchi e robinie, sono frequenti nella poesia di Luciano Erba.
Quel campanile osservato dal treno/ che fa una esse tra sambuchi e robinie/...
Fu la zona della ferrovia, in seguito eliminata, che collegava lo scalo Sempione con la stazione di porta Genova e la stazione di San Cristoforo, e il corso dell'Olona, poi ricoperto, il luogo della sua prima infanzia. Nell'inforcatura tra i due tracciati ferroviari, davanti alla sua casa, un terreno anch'esso intermedio, di prati e detriti, di nomadi e ortaglie, sambuchi e robinie - referenti fondamentali nel suo immaginario poetico - rappresentò l'ambiente ideale dei giochi.
Anche in città fanno fuochi di stoppie/ oltre barriera dove arrivano i merci./ In un cortile/ hai sentore di terra e di radici/ ti attristi col naso a mezz'aria/ sul tuo inutile fiuto d'indiano/.
Durante il tragitto ferroviario, tempo e spazio si annullano per diventare, metaforicamente, l'eterno e l'infinito. Come sul terrazzo, spazio intermedio e sospeso, stanza di compensazione che si carica di riflessione filosofica e di attese metafisiche.
Abito a trenta metri dal suolo/ ... Questo era cielo, mi dico/ attraversato secoli fa/ forse da una fila di aironi/ con sotto tutta la falconeria/ dei Torrioni, magari degli Erba/ e bei cavalli in riva agli acquitrini/ ... questo era azzurro, era spazio/ luogo di nuvole e uccelli./ L'aria è la stessa: è la stessa?/ sopravvivere: vivere sopra?/ ...
Il tempo dell'attesa, che ha ispirato una delle sue poesie più famose, *Gli ireos gialli*, è quello dei ragazzi che partono alla pesca una mattina di giugno a Milano: *...quando l'aria sotto i platani/ sembra dentro rinchiudere un'altra aria/ ...I pescatori non avranno fortuna. Ma/ risalendo i canali e le rogge,/ di prato in prato, di filare in filare,/ arriveranno i ragazzi dove è fitta/ la verzura dei fossi, dove gialli/ sono i fiori degli ireos e come spade/ le foglie tagliano fresche correnti/ sotto l'ombra dei salici/ ...*
È ora di cena sul terrazzo. Erba si china e poi si alza sulla punta dei piedi per raccogliere le albicocche dalla pianta, agile come quando saltava sulla barca a vela in una spiaggia della Maremma, mentre i due gatti neri dormono sdraiati tra tavolo e cuscini. Inavvertitamente urta il grosso cane nero sonnacchioso che guaisce. Gli chiede scusa tre volte.

Alda Merini - La leggenda del luogo

Il Naviglio è un rettilineo ben strano, che non permette alcuna scansione. Sembra qualche cosa di sinuoso e fervido ma, invece, è lugubre, perentorio, ripetitivo. Il Sud ha portato qui i suoi orari strambi. Di solito ci si addormenta quando è ora di alzarsi…
Caro Naviglio, ti lasciai molti anni fa, quando eri pieno di povertà e languore… Quando poi sono tornata, sul Naviglio non c'erano più caffè letterari, trattorie modeste, scherni e lazzi familiari, ma solo un aspetto, opulento e direi tragico: è un Naviglio che si abbandona alla lussuria…
Questi sono soltanto alcuni tra i tanti riferimenti al Naviglio Grande della poetessa milanese Alda Merini, che vive da sempre sulla Ripa Ticinese: nel suo ultimo libro *Lettere a un racconto,* composto di prose e testi poetici, compare una lettera intitolata *Caro Naviglio.*
Perché, Alda Merini, queste definizioni del luogo dove è nata la sua poesia e dove, tra laceranti distacchi e dolorosi ritorni, si è dipanata la sua vita?
"Il Naviglio va vissuto come una leggenda, come tutte le cose terrificanti, altrimenti non si riesce a sopportarlo. Il Naviglio è una realtà molto sfibrante, una barca che fa acqua da tutte le parti! Saturo com'è di eroina ha finito con l'angustiare anche gli anziani: la nostra era una povertà sacra, ora viviamo tra la paura del male di fronte al quale il poeta non ha armi e l'indifferenza generale che ci condanna alla solitudine anche quando si è ammalati. Qui non c'è più il vicino di casa, c'è il lontano di casa!".
Spinosa e imprevedibile, magnetica e struggente nello sguardo che indaga e soffre, Alda Merini si abbandona alla risata tra tosse e malanni invernali che la prostrano, senza mai rinunciare alla mezza sigaretta sempre a portata di mano. La piccola Olivetti è alquanto sepolta di oggetti e non sembra essere pronta all'uso: da tempo la poetessa ha preso l'abitudine di dettare le poesie al telefono ad amici fidati. Le sue forme opulente e nude campeggiano in una fotografia di grandi dimensioni alle sue spalle: un ironico e irriverente ammiccamento alle Veneri della pittura classica, un narcisistico messaggio della nudità che finalmente si autodetermina dopo gli anni della costrizione nosocomiale oppure un ingenuo offrirsi come dea materna e oblativa?
Con un accenno di compiacimento nella voce mi dice che il cantautore

Roberto Vecchioni, nel suo album *Sogna, ragazzo sogna,* le ha dedicato *Canzone per Alda Merini.*
Nelle parole della poetessa è racchiusa la storia di ognuno di noi, o almeno di quanti hanno visto sparire via via il luogo della propria identità biografica ed esistenziale. La storia di una perdita. Il Naviglio è lugubre perché è il fantasma di se stesso, come è accaduto a Montmartre a Parigi dove alla fervida vita della bohème artistica si è sostituita la squallida parodia per il consumismo turistico. Lungo il Naviglio milanese si ripetono ritualmente i mercatini dei fiori oppure dell'antiquariato, ma è sparito il tessuto connettivo, l'intreccio umano che rendeva vivo e vero questo luogo.
Tornare sul Naviglio dopo quattro anni d'assenza mi è stato più che doloroso: disumano... Il Naviglio, stanco, riottoso, difficile, antico, stracarico, colpevole, puttanesco, drogato di sogni, ritoccato dalla mano sapiente del consumismo, oggi sembra un'allegra prostituta ballonzolona... Ricordo invece le pietre nude... le bestemmie, le cicche delle lavandaie, i miei figli che languivano nella fame, le autoambulanze che mi portavano via e mi riportavano indietro a seconda degli umori... Quanto amore e solitudine!... Il Naviglio, struggente come una lacrima. Il mio viso, una grande lacrima del Naviglio.
Così leggiamo in *Delirio amoroso,* opera nata, assieme alla raccolta poetica *Ballate non pagate,* nell'ambiente del leggendario caffè letterario Chimera, ora sparito. Dove Alda Merini era solita regalare agli amici e sodali del caffè-libreria i suoi testi, scritti sulla vecchia Olivetti priva di nastro e battuti direttamente sulla carta a carbone! Il Naviglio dei grandi incontri, letterari e romantici, Salvatore Quasimodo, Giorgio Manganelli.
Manganelli veniva a vedermi sul Naviglio. Mi vedeva nascere di lontano, come un puntino piccolo piccolo che trasvolava diritto nelle sue braccia capaci.
Sono sparite le osterie.
A me piacciono gli anfratti bui/ delle osterie dormienti,/ dove la gente culmina nell'eccesso del canto,/ a me piacciono le cose bestemmiate e leggere,/ e i calici di vino profondi,/ ...
Poco dopo la chiesa di Santa Maria delle Grazie al Naviglio, sulla riva del Naviglio Grande si incontra il Vicolo dei lavandai, un lacerto della memoria storica sopravvissuto e un po' spaesato.

La lavandaia dalle gonne putride,/ porta chili di roba immonda/ al naviglietto nascosto,/ e lì consuma sapone e bestemmie/ ...

Alda Merini, radicata e sradicata, sogna l'altrove. La sua voce improvvisamente si anima, il colore delle parole è vibrante e gioioso. Sospira il *de rerum natura,* il luogo degli animali, i pascoli, le montagne, i boschi "nella vita avrei voluto fare il taglialegna", "a Milano la vita è contro natura, si muore di cemento, i figli nascono già stanchi".

Nella sua produzione creativa, dove saltano i tradizionali confini tra poesia e prosa, dai forti contrasti, in cui l'oscurità convive con la sapienza, il misticismo con la sensualità, le immagini dei fiori sembrano aprire prospettive di natura metafisica, i ciclamini evocano il tema del destino: *Una donna che sogna il destino/ lo sente come un ciclamino/ e rimane eterna ragazza/ ...*

L'amore per le rose è legato alla devozione per Santa Teresa di Lisieux, che volle sul suo capo-adolescente dopo la morte sacrificale una coroncina di rose, simbolo luminoso della bellezza del trascendente. In Alda Merini le pagine sulle rose si offrono al lettore quale segno della sua forza visionaria e intensamente sovvertitrice: *Qualcuno mi ha fatto gentilmente notare che le donne che portano le rose, tacitamente si offrono. A nessuno è venuto in mente che quella rosa per me era un lutto... Sì, mi offro al miglior offerente, soprattutto mi offro al panico, ma la rosa da allora me la porto sul petto; e si chiama Michele, si chiama Alda, si chiama matrimonio sconsacrato... Si chiama tutto fuorché 'fiore'. È una rosa stupida, inutile come la sofferenza umana quando l'uomo deve soffrire per colpa d'altri e non per sua propria volontà terrena.*

Oppure come visione dell'assoluto: *Ma il giorno che ci apersero i cancelli, che potemmo toccarle con le mani quelle rose stupende, che potemmo finalmente inebriarci del loro destino di fiori, oh, fu quello il tempo in cui tutte le nostre inquietudini segrete disparvero, perché finalmente eravamo vicini a Dio, e la nostra sofferenza era arrivata fino al fiore, e era diventata fiore essa stessa.*

Luigi Malerba - L'attenzione del luogo

Ci vado a piedi a Settecamini, lungo la strada dell'assassino, un viottolo in mezzo ai campi segnato dalla memoria di tragiche storie contadine. Colline e paesaggi dell'Umbria quasi laziale. Querce e olivi, e vigneti del famoso bianco di Orvieto e del Sangiovese rosso che frizza in luna crescente. È una *Rosa bracteata*, di solito così difficile a trovare la posizione che le vada bene, gonfia di spine e fiori intorno a un vecchio tronco, il primo segno di una particolare felicità del luogo. Una vigoria naturale unita a un disegno pensante. Quasi non mi soffermo sulla vista di Orvieto che appare una volta superato il cancello ed entra nel quadro come una prospettiva rinascimentale. Che la *bracteata* sia un indizio?

È la rosa preferita dello scrittore Luigi Malerba, il proprietario, vorrei dire il demiurgo, assieme alla moglie Anna, di questo straordinario luogo. Deve avere un riparo alle spalle, un muro, esposta a levante o a mezzogiorno, non al tramonto, mi dicono, come la *Mermaid* che molto le assomiglia nella semplicità della fioritura, isolata e ardita, e nell'asprezza delle spine. Che fortuna arrivare qui nella piena fioritura delle rose. La lettura mi aveva messo sull'avviso: *...il sangue venne usato per concimare le rose rosse dei Giardini imperiali, che in quell'anno raggiunsero dimensioni mai viste,* scrive Luigi Malerba in *Le rose imperiali.*

All'immagine cruenta delle rose nutrite dalla decapitazione dei sudditi, all'epoca del primo imperatore cinese Che-Huang-ti, lo scrittore affida il significato della violenza repressiva di ogni sistema burocratizzato.

E in *Le pietre volanti*: *Dipinsi quel mazzo di fiori per mia madre, un mazzo di rose bianche Drusi con i petali traslucidi, come di porcellana... Rose bianche su un fondo appena azzurrato perché sapevo che a mia madre piacevano i colori tenui.* Rose che sottolineano il sentimento dell'assenza malinconica. E le bianche segnano il percorso delle rose nel giardino incantato di Settecamini, che affiorano nel luogo come filo conduttore di una composizione musicale. Le affascinanti *Iceberg* che formano siepi sopra spalliere di legno, le bianchissime *Blanc Double de Coubert* sconfinanti nella romantica *Pierre de Ronsard*, una rosa da giardino regale, nella campestre e semplice, a dispetto del nome, *Rosa complicata*, nella bizzarra *Rosa mutabilis*, nella *R. rugosa.* Rose a cascata per accompagnare l'orto fin quasi a casa e altre che contendono l'abbraccio con gli olivi alle

ipomee celesti, soggetti così fotosensibili da aprirsi all'arrivo della luce e temerla allo stesso tempo.
Una fila di rose del Bengala in vasi di cotto sottolinea l'accesso alla varietà di spazi tra alberi ombrosi e luoghi ameni, pergolati d'uva sorretti da strutture di legno che conducono in maniera campagnola al belvedere tra cipressi sulla vista di Orvieto. E di nuovo le sarmentose *R. bracteata* che da un intimo roseto arrivano al parapetto del vasto terrazzo aperto su un'altra prospettiva della città, popolato di aranci e piante di bosso in vaso.
No, non è opera di un architetto del Rinascimento, geniale nel commisurare umanisticamente il senso dello spazio all'identità dell'uomo, ma dello scrittore stesso, che ha una vera passione oltre che mano felice per l'architettura del paesaggio.
"Se parlano male dei miei libri non mi offendo, ma se parlano male del mio pallino di paesaggista, sì!" mi dice con convinzione. È orgoglioso della realizzazione del terrazzo, il cui terrapieno è stato creato con il materiale della demolizione di un piano della casa. Caso così raro nell'Italia edilizia che vale la pena di essere raccontato.
In origine postazione militare medievale e successivamente edificio cinquecentesco, la casa passò in eredità al vescovo di Orvieto che qui trasferì la sua residenza privata. Divenuta in seguito sede del seminario estivo, nel 1911 venne sopraelevata di un piano. Luigi Malerba trent'anni fa l'ha riabbassata di due metri diminuendone il volume: ha avuto l'elogio della Sovrintendenza e la multa del Comune!
Per il muretto del terrazzo ha recuperato le pietre antiche gettate nel fiume dai contadini quando si rifacevano la casa nuova e quelle ancora più antiche del pavimento di Orvieto sostituito dall'orrendo asfalto e destinate alla tritatura per la ghiaia delle strade. Anche per il forno a legna ha usato materiale di recupero, ottimo come refrattario: pietre di nenfro, di origine vulcanica, con cui gli Etruschi costruivano i coperchi dei sarcofagi.
"In questa casa si producono olio, vino, racconti e romanzi", dicono i Malerba, che si definiscono grandi produttori di aceto quando accade che il vino rosso svampisce, oppure di acquavite, distillata con il distillatore di rame acquistato da Valentino Bompiani. Pur avendo il loro vino ricevuto l'elogio di Mario Soldati che definì Anna "ampelologa" nel libro *Vino al vino*.

L'attenzione agli olivi, fatti rigermogliare dopo la gelata del 1985 invece di estirparli, agli alberi da frutto, al vigneto, è la stessa verso il popolo degli animali che anima il luogo, e con i quali il gioco si mescola alla sfida. I Malerba hanno visto ricci rotolare di notte sulle mele cadute per portarle, infilate negli aculei, nella tana dei piccoli, hanno ceduto all'inutile lotta all'istrice, troppo intelligente, divoratore di patate, carciofi, bulbi di iris, vinto il tasso, tenuto lontano dal granoturco con una semplice cordicella bianca, ceduto le nocciole a scoiattoli e ghiri, sacrificato galline alla volpe. Con gli uccelli è stata raggiunta la par condicio: ciliegie metà ciascuno.
Alla speciale attenzione e sensibilità per la scelta degli alberi da parte dello scrittore è legato un capitolo di *Città e dintorni*, in cui egli ironizza, secondo il suo stile garbatamente surreale, sull'inquinamento provocato dalle scelte botanicamente sbagliate. L'interesse di Luigi Malerba per l'ambiente e i valori del paesaggio è un fatto intimo e strutturale che va ben oltre il raffinato amore del bello nel proprio luogo. Note sono le sue battaglie alla fine degli anni Settanta per la difesa del quartiere medievale di Orvieto destinato alla distruzione secondo il Piano regolatore, con l'alibi della cosiddetta fatiscenza, e che hanno portato più volte lo scrittore come imputato nelle aule giudiziarie con l'accusa di diffamazione nei confronti del sindaco di Orvieto, conclusasi con assoluzione richiesta dal Pubblico Ministero. Con veemenza Anna lo sottolinea: "Se il quartiere medievale di Orvieto non è stato distrutto, dobbiamo dire grazie a Luigi Malerba".
La battaglia contro l'inceneritore previsto proprio sotto la rupe di Orvieto, che ha coinvolto molti giornali e associazioni italiane e straniere, è più recente. Vinta da Malerba grazie anche all'aiuto della Forestale che scoprì il grave livello di inquinamento delle acque del fiume Paglia provocato dalle infiltrazioni delle immondizie destinate all'incenerimento.
Vacanze faticose. L'impegno sempre attento a quel che succede. Accompagnato dall'inquietudine di fondo che da Roma lo spinge su questa propaggine vulcanica, originata dal monte Rado, per fargli poi desiderare il ritorno a Roma e che lo ha portato a viaggiare e scrivere di viaggi in Cina, in Oriente, a riciclarsi, secondo la sua espressione, come scrittore dopo essere stato sceneggiatore cinematografico di successo, a partire da *Il cappotto* di Lattuada assieme a Cesare Zavattini.

Sulle parole di Luigi Malerba cade la nevicata leggera e regolare del pioppo venuto dal fiume, che dà all'ora del giorno la dimensione del sogno come piacere del non-senso, della dissolvenza, tanto vicina allo scrittore da farne soggetto di due libri. Nevica sull'immagine di Orvieto nitida in lontananza - ma quante volte compare in questo giardino? - e penso che un panorama così, in fondo, è giusto che gli appartenga, visto che della città è stato buon custode. L'ultimo scorcio, uscendo dal cancello. Dimenticavo, a proposito di rose: rose rosse nel giardino di Luigi Malerba non ce ne sono.

Eugenio Turri - I tempi del luogo

"Un bicchiere d'acqua nel deserto non si rifiuta nemmeno al nemico di una tribù avversa", si rivolge sorridente Eugenio Turri con vago cenno pedagogico alla bionda barista ombelicata.
Una sosta assetata nella pianura veneta del Piave verso Sernaglia della battaglia, meta del convegno "Il paesaggio offeso: geografia e narrazione del disagio", dove Eugenio Turri è atteso tra i relatori. La barista polacca, prodotto integrato di un Veneto ferocemente consumista, con sguardo infastidito porge a Turri acqua tutt'altro che accogliente. Osservo i sandali da nomade e l'espressione saggia e un po' trasognata di chi ha attraversato popoli e Paesi.
Terzomondista appassionato, ha sentito l'Africa come rimorso e senso di colpa per l'inesistente giustizia distributiva, iniziando i suoi viaggi di esplorazione e studio nel 1959, prima dell'indipendenza dell'Africa francese.
Otto volte nel Sael, ha seguito carovane di nomadi nel Sahara meridionale, studiato le popolazioni del monte Marra nel Darfur in Sudan, percorso il fiume Niger attraverso il deserto per conoscere la morfologia della terra e capire la geografia. Antropologo, geografo, esperto di storia del paesaggio, Turri ha arricchito la sua esperienza di studioso dei fenomeni geoantropologici con meditazioni filosofiche sul valore del tempo, sotteso a molta parte della sua scrittura e del suo dialogo.
Lo studio del paesaggio e la conoscenza del territorio si sono radicati nella coscienza dei tempi lunghi della terra attraverso cui i fenomeni umani assumono una dimensione di ridicola piccolezza. Nel libro *Week end nel mesozoico,* Eugenio Turri propone uno sguardo sul paesaggio avvertendo lo scorrere di tempi millenari. Durante le distratte passeggiate sui selciati di piazza Bra, i veronesi ignorano di calpestare le ammoniti di cinquanta milioni di anni fa: lasciarsi ispirare da questa riflessione ridurrebbe l'umanità a un'entità microscopica.
L'iniziazione di Turri alla visione del paesaggio come teatro è legata al monte Baldo, che conosce da cima a fondo e cui ha dedicato libri e varie pubblicazioni. Lungo il percorso per arrivare al massiccio del Baldo, il monte Crocetta, mille metri, è stato per molti anni luogo eletto di osservazione e studio, dove, da spettatore, ha analizzato sia i fenomeni

momentanei di una qualsiasi mattina che le trasformazioni avvenute nel corso dei secoli e delle stagioni, documentati con sistematico e puntuale cronismo dal 1960.

Il Baldo, il più meridionale dei massicci prealpini italiani, si innalza, isolato, dal lago di Garda, immergendosi nelle nuvole come un domestico Fusjiyama. Circhi glaciali, canaloni, pale, erosioni carsiche, solchi torrentizi: una morfologia ricca e dinamica di fronte alla quale scatta immediata l'emozione sulla bellezza della montagna. Ma la lettura del geografo la connota di una dimensione affascinante e terribile.

La montagna, a cui gli uomini attribuiscono valori eterni, è nient'altro che effimera creazione destinata a sgretolarsi, crollare, scendere a valle con le acque. Non c'è niente di eterno nella bellezza sublime delle cime, la loro vita è peritura come tutto ciò che è terrestre, e solo il tempo diversifica l'esistenza di una montagna da quella di un essere vivente.

Il momento magico della bellezza della montagna, dalle Dolomiti all'Himalaya, rappresenta solo un frammento all'interno di un processo distruttivo lunghissimo. E così l'incanto della *Primula spectabilis*, l'eroica primula meravigliosa, fiore rarissimo di origine terziaria, antico di cinque milioni di anni, avvezzo a vivere in ambienti glaciali, è legato ai luoghi più repulsivi del monte Baldo, a tramontana, in mezzo a ghiaie dove i nevai scaricano continuamente detriti. La sua bellezza brilla nel processo di disfacimento della montagna.

Il monte Baldo è per Turri un museo vivente della storia del nostro pianeta, un archivio-rifugio in cui si sono concentrate le specie botaniche di diversi ambienti climatici e geografici, fungendo da clessidra dei tempi lunghi dei fenomeni geologici e geobotanici. Noccioli, ginepri, e pini silvestri che si sono diffusi con i mughi, emigrando in Finlandia a creare foreste, una volta addolcitosi il clima. Faggete, boschi di betulla, e cospicue presenze di peonie selvatiche, prati fioriti di narciso poetico, anemone nemorosa e anemone baldense, botton d'oro in abbondanza sul fondo delle doline, e giglio rosso sotto i muretti in cresta. A cima Costabella, e soltanto lì, fiorisce uno tra gli endemismi importanti del prezioso rifugio botanico che è il monte Baldo, *Callianthemum kerneranum*, una margherita dai petali verdastri, e in due oasi scoperte da Turri, l'asfodelo.

L'economia della montagna è radicalmente cambiata. Nelle zone tradizionalmente destinate a pascolo, dalle malghe, la cui architettura

ricorda la mistica sobrietà delle chiese romaniche, non esce profumo di latte e di formaggio: l'uomo le ha abbandonate e sostituito le mucche da latte con vitelli al pascolo. È doloroso doverlo scrivere, ma il monte Baldo non è Parco: Turri, a partire dal 1970, è stato l'animatore battagliero di questo progetto, miseramente lasciato cadere dalle istituzioni, soggette agli interessi venatori e quant'altro.
Tra le sue migliaia di fotografie di viaggio c'è quella di un baobab, l'albero che diede origine e nome alla città nigeriana di Kuka, (baobab nella lingua Canuri). Turri si recò in Nigeria sulle tracce del tedesco Gustav Nachtigal che nel 1870 descrisse la città come luogo favoloso tra Sahara e Sudan, centro commerciale frequentato anche dalle popolazioni dell'Arabia. Turri non trova Kuka, ma un piccolo villaggio di nome Kukwa. La città di duecentomila abitanti era scomparsa: l'albero che le aveva dato origine ancora vivo.
Eugenio Turri avverte l'effimero fascino della precarietà che caratterizza la cultura dell'Africa, cui è estranea la coscienza di un impianto stabile del territorio, dove l'agricoltura è itinerante ed erratica l'attività: in Occidente le città hanno duemila anni, in Africa durano meno di un albero. Dai baobab si ricava la memoria storica, sulla cui corteccia si trovano incise le vicende di popolazioni e tribù: tra i molti libri che Turri ha scritto, ne ha in animo uno dedicato a questo albero straordinario.
Il panorama, tra il potente fiordo lacustre in basso e le cime dell'Adamello, dell'Ortles, e lontano, il monte Rosa, è sublime. Lo sguardo di Eugenio Turri, in cui è riflessa la mitezza che gli viene dalla meditazione morale sui tempi lunghi, sa riconoscere gli spazi, qui e altrove, dove respiro e immensità ne sono l'essenza.
Nato in una famosa Villa veneta del Seicento, la Villa Arvedi in Val Pantena, non come figlio di padrone ma del fattore, è cresciuto a contatto con gli orti conclusi dei signori, ordinati secondo principi di una rigida gerarchia sociale, con i broli e i bei giardini recintati da muri estesi per chilometri. *Proibito toccare le prugne, rovinare le rosare e le scese d'uvaspina, attenti ai cani e attenti ai paroni*... Da questo dormiente brolo veneto, che da un lato gli ha trasmesso il valore del bello, Eugenio Turri è sconfinato, valicando il limite della siepe leopardiana, per affrontare il suo affascinante viaggio nello spazio e nel tempo.

Gina Lagorio - La vigna e i falò

"Meglio questa di pietre verdi o quella rosa?".
Gina Lagorio appoggia la collana sulla camicetta di seta bianca, chiedendo consiglio. Un gesto di confidenza, appena entrati nella sua stanza, un accenno di complicità, subito fugato dallo sguardo penetrante degli occhi grandi e vellutati, attenti e malinconici. A conferma che la femminilità è una dimensione dell'anima, una virtù interiore come la generosità o la poesia.
La scrittrice, pur affaticata dai postumi della malattia, non ha rinunciato al tradizionale ritorno per le ricorrenze novembrine nella casa di Cherasco, la città dalle *Mura stellate,* come ricorda il titolo di un suo romanzo di successo. Alla riunione della polenta, proprio così si esprime, con le nipotine Benedetta e Delfina.
Non rinuncia all'appuntamento con la stagione del dopo vendemmia, che trasforma terra e paesi di vigneti in un'immensa cantina inebriante di mosto, e all'incontro conversevole con l'amico Carlin, Carlo Petrini, presidente internazionale di Slow food, cui lei darebbe il Nobel per avere inventato l'evento straordinario di Terra Madre che ha riunito a Torino niente meno che cinquemila contadini da tutti i Paesi del mondo, e che riesce a far parlare di slow food in India, dove il cibo è un sogno. Lui insegna ad amministrare questo sogno, commenta.
La Morra, Verduno, Roddi, Barolo: paesi di Langhe che sono pause per lo sguardo annegato nei vigneti. Le strade camminano da una collina all'altra, e l'affaccio è dall'alto, dove il paesaggio viticolo si offre più nella sua versione estetica che laboriosa, come una cromatica ed invitante discesa rossa e gialla, interrotta da accessi che le prime umide nebbie rendono impossibile percorrere tanto si affonda nel terreno.
A queste colline appartengono le origini di Gina Lagorio, nata a Bra, che ha trascorso le estati nella campagna dei nonni paterni tra Cherasco e La Morra, in una cascina chiamata Le monache, un ex convento nella frazione di San Michele, *dove i vigneti sono giardini,* e dove i suoi antenati arrivarono nel Seicento. Da quando il padre lasciò la terra per vendere il vino in Liguria, trasferendosi a Savona, la città dove la scrittrice studiò e visse, le Langhe furono i suoi ritorni.
Estati passate tra grilli gattini cagnolini polli pulcini vendemmie seminagioni pesche gialle, usate per la famosa ricetta piemontese delle

pesche ripiene. Esperta depositaria ne fu la nonna, madame Francesca, che veniva assunta in occasione dei banchetti nuziali dai nobili di Cherasco per la preparazione del *bonet*, dolce tradizionale delle Langhe. Adolescenza di primi amori nati tra canti, musica e balli intorno ai falò che bruciavano nelle campagne per la festa di san Giovanni o della Madonna. Tracce di memoria seicentesca, quando, all'epoca della grande peste, i rimasti vivi segnalavano la loro presenza da una collina all'altra con il fuoco, quasi un rito di sopravvivenza pagana.
Il richiamo a Cesare Pavese e a *La luna e i falò* è d'obbligo.
...Ai miei tempi, dissi, i vecchi dicevano che fa piovere... Tuo padre l'ha fatto il falò? Ci sarebbe bisogno di pioggia quest'anno... Dappertutto accendono il falò.
Lo scrittore che in queste colline ebbe origini e vissuto biografico rappresentò un amore per Gina Lagorio, "un modo di leggere adolescenziale stupendo nella sua mescolanza di terra e sogno".
La bicicletta delle Langhe, complice strumento di libertà estiva, segnò il passaggio dalla stagione ignara a quella della lotta per la Resistenza, senza soluzione di continuità.
"L'ultima volta che ho usato la bicicletta" racconta "è stato per portare cibo ai miei amici partigiani sulle colline. La mia meglio gioventù". Rievocata in un libro dal titolo che ricorda un altro scrittore cui la Lagorio fu molto legata, Beppe Fenoglio, *Raccontiamoci come è andata.*
Dedicato alla memoria del marito, Emilio Lagorio, protagonista della lotta partigiana a Savona e rappresentante del Partito comunista nel Cln, Comitato di liberazione nazionale. La collina come substrato del mito letterario, fortilizio saldo dell'impegno civile e della memoria, terreno accidentato e serpeggiante, come scrive Pavese.
Il trompe-l'oeil dipinto sullo sfondo del giardino della scrittrice a Cherasco, che raffigura la porta della città con l'arco del Belvedere, sembra dilatare l'orto chiuso fino al confine delle mura cittadine.
Su quel promontorio dice la storia che nel 1243 fu fondata Cherasco, città di mura stellate per la difesa, su un bastione che è una naturale inespugnabile fortezza.
L'alloro è una barriera verde che protegge lo sguardo e il fico, dalla veste gialla depositata in terra, è carico di tutte le dolci e golose attese dei frutti trascorsi e da venire. Una testa di Budda, segno della Madre Terra, che sia indiana o cheraschese non importa, è appoggiata ai piedi dell'unico ulivo del giardino. Un ulivo? In un paese di brume precoci e noccioleti, di uve importanti e laboriose, barolo e dolcetto. A ridosso

della ex limonaia, trasformata in studio di Livio Garzanti, è arrivato dalla Liguria l'ulivo lucente e vitale, l'altra terra del bipolarismo culturale e sentimentale di Gina Lagorio.
"Per questa ragione i miei libri sono fifty-fifty, metà di mare, metà di terra". Per questo il ligure Camillo Sbarbaro, l'amato maestro, è un soggetto primario nella sua produzione saggistica, *Sbarbaro - Un modo spoglio di esistere.*
La trama delle lucciole ricordi/ sul mar di Nervi, mia dolcezza prima?/ (trasognato paese dove fui/ ieri e che già non riconosce il cuore)/... cita a memoria.
In un terrazzino tra i carruggi, affacciato al mare di Liguria, la scrittrice fece crescere, tra basilico, menta e ibisco, due piante di zucca in vaso. Genesi di un gustoso racconto: *Elogio della zucca.*
Ti saluto e ti lodo, mia zucca ilare e gentile, inerme e generosa, spontanea e sorridente, che ti arrampichi senza fatica, senza fatica fai ombra, senza fatica regali fiori foglie frutti... E una volta era la serpentina dei viticci che aspettava me per sistemarsi più comoda sulla canna... e un'altra volta erano uno o due o tre fiori gialli, spalancati come bocche ridenti...
Ma il vero giardino della mente e del cuore di Gina Lagorio sono i vigneti. Il romanzo *Tra le mura stellate,* considerato una delle sue opere maggiori, sospeso tra realismo storico e fantasia immaginativa, secondo lo stile suo tutto speciale, si chiude con un capitolo dal titolo *Evviva Noè.* Dedicato alla nuova aristocrazia delle Langhe, quella dei vignaioli, che ha sostituito la storica nobiltà legata ai Savoia, affermandosi nella produzione di un vino di grande qualità. La scrittrice vi conferma la sua personale impronta etica, sia che scriva di vino o di Resistenza.
Evviva Noè era un grido consueto a carnevale, ma era la benedizione sottintesa di tutto l'anno: la terra a Noè, biblica trasformazione del Bacco pagano, era consacrata; in fatica testarda, in pazienza d'attesa e di ansia per quanto d'imponderabile è legato al cielo, siccità pioggia grandine; durante tre stagioni dell'anno si faticava si pregava si scrutavano le nuvole le lune e il sole e finalmente arrivava la corale euforica celebrazione settembrina...
"Suspice coelum ut agricola", scruta il cielo come fa il contadino. Sia per interrogarlo sulle sorti del raccolto, come sulle vicende del proprio destino: rivolgi lo sguardo all'alto, sopra di te. Invito all'umiltà, quasi una meditazione. Motto che Gina Lagorio ha voluto fosse scritto sopra la meridiana, ore segnate dalla luce e dall'ombra.
Come sigillo del giardino, nella città dalle mura stellate, il cui nome è

legato, negli annali della storia, al trattato europeo che pose fine alla seconda guerra del Monferrato, siglato nel 1631. Urbs firmissima pacis, Cherasco, città saldissima della pace. Proprio alla pace sono dedicate le ultime parole della scrittrice. Mentre si accende nella condanna della guerra, si illumina di sorriso ritornando all'amico Carlin "che riunisce veramente gli uomini", scoprendo una verità di pace lungo le vie della Terra Madre e del cibo non-violento.
Si ammorbidiscono le forme nel giardino quando la luce calante nel giorno di tutti i Santi lo avvolge di nebbiolina. Una patina d'ombra, addolcendo la severità, unisce e accoglie le presenze. Il giardino le assomiglia.
Mi trattiene un attimo sulla porta.
"Quando mi sono sposata con Lagorio, senza una lira, in piena guerra, mi sono presa un anello di resina e ci ho fatto mettere G. L. : Gina Lagorio, ma per me era Giustizia e Libertà".

Adriana Zarri - L'eremita in giardino

Con i gatti inizia il racconto di Adriana Zarri intorno al suo giardino, al di là del portone completamente rivestito di *Ampelopsis* che si è chiuso alle nostre spalle. Con la gatta Loluba, diventata assai bisognosa di affetto dopo la morte del compagno Malestro, famoso per essere stato ritratto in braccio alla sua padrona molte e molte volte, durante le interviste. Quando, nella rivista *Anna* dove la Zarri tiene una regolare rubrica, venne tolto Malestro dalla fotografia che lo ritraeva in braccio a lei sparendo dunque dalle edicole, il gatto si offese molto.
"È l'animale più bello del creato, qualsiasi posa prenda è una scultura piena di grazia", ci dice con voce che è fin da subito vibrazione e canto (ve la ricordate la sua sorridente saggezza nelle puntuali apparizioni settimanali alla mitica Samarcanda di Michele Santoro su Rai 3?).
Ci sono le anitre selvatiche, quelle dell'omonimo dramma di Ibsen, che stanno covando, in uno spazio tutto per loro, intorno allo stagno ricavato appositamente, sul cui bordo in penombra fiorisce il rosaio *Pierre de Ronsard*, una preziosità di boccioli perlacei spruzzati di rosa, un misto di sensualità da giardino arabo e romanticismo da giardino inglese. Dalle vecchie travi del portico è tutto un viavai di rondini impegnate a covare, un cardellino ci spia in mezzo alla fioritura esplosiva della *Banksiae lutea* dove ha fatto il nido, il gracidare mai stanco di raganelle è il sottofondo sonoro di un'intera giornata dal vicino laghetto, verso la distesa campagna, dove sosta a volte un trampoliere di passaggio disturbando le libellule, impalpabili spiriti dell'aria. Lo circondano intere tribù di Iris gialli in piena fioritura, trapiantati dalla Zarri che, trasgressione a parte dato che è una specie protetta, commenta "ho però contribuito alla diffusione!". Il picchio intanto fa il suo lavoro nel piccolo bosco folto di biancospini e tigli, luogo assembleare di decine e decine di uccelli la sera, momento in cui lei evita di avvicinarsi per non farli fuggire. La fioritura della rosa *Filipes* a mazzolini bianchi abbraccia un vecchio melo, mentre sullo scheletro del pruno morto comincia ora la sua ascensione il giovane rosaio della *Chinensis mutabilis*.
Un ritorno all'Eden, il racconto del Genesi si manifesta attraverso le forme di vita nell'Hortus conclusus di Adriana Zarri.
"Gli eremiti hanno un rapporto privilegiato con gli animali: i racconti dei Padri del deserto sono pieni di bestie. Così come il mito del Genesi

contiene un valore profetico, di anticipazione del tempo dell'armonia, quando il leone giacerà accanto al capretto, il bambino metterà la mano nella tana dell'aspide".
Stupisce fin dall'inizio la sua attenzione al microcosmo, frutto di una fede che si realizza nella dimensione dell'ascolto e dell'attesa, nell'abbraccio sensuale di tutte le forme di vita.
Di professione teologa e scrittrice, Adriana Zarri si definisce monaco eremita. Al maschile. Non per irritare le sue amiche donne, tra cui carissima Rossana Rossanda che le ha trasmesso la passione per le rose botaniche, ma perché monaca, al femminile, trasmette un'idea clericale in cui la Zarri non si riconosce, intendendo essere rigorosamente laica. "L'origine storica del monachesimo (forse dal greco monos, solo) è laica: quando si è istituzionalizzato, ha perso molto del suo carisma di libertà", ci tiene a precisare la Zarri.
Da circa dodici anni vive in solitudine in questo cascinale del Canavese, in parte ristrutturato, un tempo casa parrocchiale nella zona medievale del paese, tra incontri di studio e preghiera, meditazione e lavoro. Da dove abitava prima, al Molinasso, un luogo isolato, dovette andarsene per aver subito gravi aggressioni armate. Fu in quell'occasione che la Rossanda scrisse sulla prima pagina del Manifesto: *Fine della solitudine consentita*. E prima ancora abitò nel castello di Albiano, dove compì importanti lavori di restauro, "lodati dal presidente di Italia Nostra", ci confida non senza una punta di consapevole vanità.
Ristrutturare una casa antica rappresenta per lei una emozionante avventura, un'esperienza creativa anche se molto faticosa. Nell'attuale dimora, rimasta abbandonata per lungo tempo, disposta su tre lati intorno a diversi spazi recintati, horti conclusi coltivati che si svolgono intorno al nucleo principale, la sua mano è stata fondamentale. Il pozzo, un autentico manufatto, ridotto a discarica fino all'acqua, vive ora la sua rinascita sotto la fioritura del glicine e del maggiociondolo, in mezzo a un prato di tarassaco e margherite.
La piccola chiesa rivolta a oriente, progettata e disegnata da lei stessa, è stata ricavata dalla stalla, sopra la quale esisteva un tempo il fienile. Come altare una bigoncia di legno, di quelle usate per le vendemmie, mentre il vascone di un torchio recuperato per 2/3 da sottoterra funge simbolicamente da fonte battesimale. Atmosfera da cristianesimo delle origini, luogo di catecumeni.

"Durante la liturgia pasquale la notte del sabato santo cantiamo l'Exultet, così suggestivo che Mozart gli avrebbe ceduto tutta la sua produzione".
Interpretando un nostro desiderio appena manifesto, Adriana Zarri con voce spirituale intona O sacrum convivium…. Il canto gregoriano si diffonde nella perfetta acustica. Il profumo delle peonie nel vaso quasi stordisce.
La polifonia appartiene invece alle rose verso le quali prosegue la visita pastorale. Soprattutto alla *Chinensis mutabilis*, che esprime attraverso la vitale duttile fioritura una varietà sorprendente di colori coesistenti, dal giallo zolfo iniziale all'arancio al rosso del fiore maturo. Una sosta merita la rosa *Sea Foam*, rosa pallido nei boccioli, che diventa poi bianca e molto profumata quando i fiori aprendosi si appiattiscono, e la *Souvenir de la malmaison*, di colore rosa, che la Zarri traduce spiritosamente in casa di malaffare!
Un vivace movimento e una creativa casualità di lussureggianti rosai in fiore ricopre i muri che separano il vasto hortus conclusus dalla campagna aperta, in un intreccio non decifrabile di specie che da fuori oltrepassando il muro entrano nei giardini e nel frutteto e altre che, da dentro, escono superando i confini, tra cui è riconoscibile la *Gallica versicolor* con i fiori striati di bianco e rosa. In lontananza, accanto a un rudere, tra le spighe del frumento, splende una fioritura di rose bianche, da una pianta che la teologa abbandonò là nella terra, un giorno, e che leggo come segnale di anticipazione del luogo.
Tra rose e clematidi ci parla dei suoi ultimi libri, *Quaestio 98,* un romanzo che riguarda la tesi di San Tommaso sul disegno primitivo di Dio nel paradiso terrestre, in cui la continenza non sarebbe stata lodevole e il piacere sessuale più intenso. Mentre nel libro *Dedicato a,* la Zarri con la saggia pacatezza e la passione affabile che la distingue nella rubrica settimanale *Diario inutile* sulla rivista *Avvenimenti*, si impegna a difendere la legge 194 sull'interruzione volontaria della gravidanza, una legge che lei considera tuttora valida e civile.
La scala di legno che sale alla sua abitazione è completamente ricoperta di edera, dove siano le sue radici non si sa. Memoria di eremo insieme al grande arbusto di *Poncirus* drammaticamente spinoso che si trova all'ingresso, addolcito dalla presenza di una raffinata *Reine Victoria* ai piedi della scala. Prima di salire ci divertiamo a strofinare le suole oltre

il necessario, anche se il terreno è secco, sull'elmetto tedesco messo lì apposta per questo uso dalla Zarri che lo trovò durante i restauri - proprio in questo edificio avvenne la resa dei tedeschi - .
"Mi pareva un'operazione pratica e politica insieme", commenta con sorridente semplicità.
Fingo di dimenticare le piantine di menta acquatica e begonia che mi ha regalato, per tornare indietro. Sulla soglia del portone eremitico che si richiuderà, Adriana Zarri mette il crepuscolo al giorno con l'amabilità sensuale che aiuta i distacchi.
"Ho tante onorificenze e premi nel cassetto che non servono a niente, una rosa, quella sì mi piacerebbe se me la dedicassero!".
Chissà.

Maria Corti - Il luogo mentale

No, non si può vivere dimenticando che esiste l'Etna. Il luogo dove la Natura-fucina da nulla è generata se non da se stessa. Aria, acqua, terra fuoco ne compongono la materia, elementi essenziali e divini secondo il pensiero di Empedocle, che per appartenervi si lasciò afferrare dal cratere incandescente, nel V secolo a. C.

Di Empedocle, l'Etna ribollente restituì sul bordo del cratere un sandalo di bronzo: la traccia terrena di un uomo che nel rito sacrificale di passaggio segnato dal fuoco raggiunse l'eternità accanto agli dei.

L'Etna, in Sicilia chiamato a muntagna, è una straordinaria complessa creatura terrestre, sorta dall'acqua marina circa cinquecentomila anni fa da un'esplosione.

Così il signore della pietra e del fuoco conquista a poco a poco nei secoli il suo terreno, si inarca con linea flessuosa verso la curva del cielo, si solleva tra gas e vapori sotto il cono ottuso, cambia altezza, alterna movimenti esplosivi ad altri effusivi, strappa e sposta macigni liquefatti... un ludo cosmico che per essere descritto richiederebbe il miracolo di un catasto magico.

E proprio *Catasto magico* è il titolo che la studiosa e scrittrice Maria Corti, vincitrice del premio Campiello, ha dato al suo libro, affascinante itinerario dentro l'universo culturale etneo.

Che è prima di tutto la storia del catasto impossibile di un luogo, l'Etna, eternamente sveglio, regno della metamorfosi e del divenire, dove cime inesistenti sorgono e altre spariscono, attraversato da migliaia di colate laviche, esplosioni sulfuree, in cui valli ricoperte di neve aggredite da terribili fiumi di fuoco si trasformano in deserti spazi neri e spettrali. Val Calanna, Valle del Bove, i Fratelli Pii, nome di due piccole montagne, legato alla leggenda di due fratelli catanesi che durante l'eruzione del 427 a. C. trassero in salvo i vecchi genitori caricati sulle spalle.

"Ci sono ancora i Fratelli Pii?" si informa Maria Corti per telefono, da vent'anni esperta conoscitrice della natura polimorfica del luogo.

L'autrice ha già sperimentato in altre opere questo nuovo genere letterario in cui la passione culturale e la ricerca costituiscono l'oggetto romanzesco: *Ombre dal fondo* è ambientato in un luogo davvero singolare, il 'Fondo manoscritti di autori moderni e contemporanei' di

Pavia di cui la Corti è creatrice e presidente.
L'autrice, in uno stile narrativamente suggestivo, ricostruisce in *Catasto magico* un percorso ideale attraverso i miti e le favole che dall'antichità la cultura e la fantasia hanno concentrato nell'Etna, luogo mentale per eccellenza: nessun'altra montagna possiede un così grande numero di miti. Che riguardano anche il potere magico delle piante: pare che ancora oggi i pescatori tengano nella barca l'euforbia arborea per stordire i pesci, la stessa specie con cui Circe, sei secoli prima di Cristo, stordì i compagni di Ulisse.
Maria Corti, come studiosa medievista e docente all'Università di Pavia, più volte aveva incontrato l'Etna nella storia e nell'avvicendarsi dei popoli nella terra siciliana. Lo incontra nella leggenda di Tifeo, il Gigante sconfitto da Zeus, che incarcerato sotto l'Etna continuamente si agita scuotendone le viscere, e nel secolo VI ai tempi di papa Gregorio Magno, che immaginò sulla cima una specie di protopurgatorio.
Una nave nera senza vele e senza equipaggio silenziosa avanzava nello stretto di Messina in una notte di luna…Era la nave dei morti che impazienti e zitti attendevano sulla tolda di prendere il volo, invisibili, verso il cratere centrale dell'Etna… a metà strada fra il cielo stellato e il profondo inferno.
Passando poi attraverso le vicende dei Normanni in Sicilia che lasciarono forti impronte della loro fantasia nordica. Re Artù venne portato sull'Etna - e l'autrice lo ambienta nella selvaggia bellezza della Valle del Bove - dalla fata Morgana, che con le sue arti magiche lo aveva salvato dalle ferite nell'isola di Avalon, nel mare d'Irlanda, un luogo mentale fuori del tempo, dove perenne è la fioritura dei meli.
Anche Maria Corti decide un giorno di salire sull'Etna. Nel 1970, dopo un'intera notte di cammino, arrivò all'alba sul cratere centrale. Figlia di un importante personaggio del Cai e molto appassionata di alpinismo, compì da giovane tutta la salita al Bianco, frequentando per anni le montagne della Valle d'Aosta, amandone l'aspetto tragico e duro, quello dei grandi eventi atmosferici, delle valanghe. Non le interessano le Dolomiti, "montagne che vengono dal mare, dorate, eleganti, da vetrina".
Là, sul cratere, al termine della notte, un'esperienza genesiaca da testo biblico: la separazione delle terre dalle acque nella creazione del mondo. Quando ancora è buio, si rimane avvolti in una massa nera e immobile, poi qualcosa in basso comincia molto lentamente a muoversi

con tremolio al primo chiaro aurorale: è il mare, mentre la pietra, la montagna rimane intatta. Si tace, immobili. Forse non siamo più capaci di sopportare la perfezione.
Dopo la genesi, l'esperienza dei suoni: il suono d'arpa, che è il vento dell'Etna, la musica dell'Aria che incantò Empedocle, il volo del culbianco, e i suoni provocati dalle foglie settembrine delle ginestre che producono una specie di mormorio orante di monaci.
L'incontro aurorale con l'Etna è suggellato dalle immagini visive sinteticamente rappresentate nella "…pietra lavica coperta di un morbido tappeto persiano". Dopo i boschi delle lussureggianti ginestre arboree e dell'euforbia, verso i duemila metri la lava nera è ricoperta di vegetazione pulviniforme: piccoli cuscini di fiori rosa di saponaria siciliana, di esile rosso romice, di bianca camomilla etnea, di borracina azzurra, lupino selvatico, astragalo detto anche spino santo, lichene, vegetazione pioniera sulla lava.
Per arrivare al cratere centrale si cammina su spigoli impietriti, in una landa disseminata di massi rotondi, proiettili esplosi dalla furia cosmica; sotto la scura coperta dei detriti appare la neve, e dove la lava mobile e incandescente si apre la via i piedi scottano. Il vento non tace mai e l'odore acre dello zolfo dopo qualche ora stordisce. Ci si trova a riflettere sull'asprezza. Piace. Attrae. La si riscopre, capace di spazzare via tutto, uomini, animali, alberi. Non si rimpiangono dolcezze, ci si dimentica del profumo di gelsomino e di zagara che impregna le strade della pianura catanese, lo si respinge come il sapore dell'effimero e della marcescenza.
Sul bordo del cratere centrale, scoppi e boati seguiti da nuvole di fumo giallo ci fanno arretrare, impauriti da forze sovrastanti e sconosciute.
Carmelo prende un sasso e lo lancia nella grande voragine, così per gioco, quasi una sfida di impossibile confidenza. Ci giriamo appena in tempo per vederlo rilanciato fuori, sì, proprio come il calzare di Empedocle. Alfio che non ha fatto in tempo a vedere, non crederà mai alle nostre parole.
L'Etna di Maria Corti nella parte finale del libro sovrasta una pianura che ricopre centinaia di morti assassinati di mafia.
Ma l'Etna …*prende le sue distanze dai loschi colpi di scena degli isolani di pianura per seguire gli echi del proprio repertorio di monte fabuloso in millenario cammino.*

Lidia Storoni - La classicità del luogo

Qualche anno fa mi capitò di accompagnare un gruppo di persone del Garden club romano per una visita alla Limonaia del 'Prato della fame' sul lago di Garda. Poiché eravamo in ritardo sulla tabella di marcia, mi preoccupavo di riunire alla svelta sul pullman le arzille signore sparse tra le piante dei limoni. Una soltanto, dall'aspetto distinto, i capelli bianchi molto curati, appoggiata a un elegante bastoncino nero che pareva più un vezzo che una necessità, immersa nella contemplazione del luogo, sembrava non aver colto i richiami. Una premonizione, non so, mi indusse a chiederle: "Mi scusi, ma lei chi è?". "Sono Lidia Storoni", mi rispose. - Per fortuna mi sono trattenuta da un benché minimo cenno di rimbrotto, subito pensai. - Avvenne così l'incontro con la traduttrice delle *Memorie di Adriano,* di Marguerite Yourcenar, libro essenziale per moltissimi lettori, con la scrittrice e storica dell'età classica romana che seguivo abitualmente sulle pagine culturali di *Repubblica* e del *Sole 24 ore.*

"Abito sul Lungotevere, proprio di fronte a Castel Sant'Angelo" mi disse tra l'altro, "dove sono le ceneri di Adriano".

Dal terrazzo di Lidia Storoni al quinto piano l'affaccio su Roma è una rassegna panoramica spazzata dal vento. Mentre pulisce la vista su Pincio e Gianicolo, San Pietro e Tevere, strapazza rose e petunie che la Storoni ha da poco acquistato al mercato coperto ai piedi di Monte Mario, dove, confessa, si reca con i soldi contati per non cadere in tentazione, facendo attenzione a non essere travolta dalla ressa di acquirenti scatenate che ogni martedì affollano il luogo.

Sul tavolo dello studio, la pila dei suoi libri e delle traduzioni.

"La Yourcenar stava seduta davanti a quella finestra guardando a lungo in silenzio Castel Sant'Angelo. Come un segno del destino. Le avevo fatto trovare nella stanza del residence, quando arrivò a Roma, un mazzo di giacinti bianchi. Possedeva un'osservazione acutissima per le piante e si stupì che avessi indovinato i suoi fiori prediletti".

Con la stessa calorosa sobrietà con cui racconta della sua passione per i fiori, ricorda gli incontri e l'importante corrispondenza epistolare, già in parte pubblicata da Gallimard, con la scrittrice francese.

"Sono l'ultima persona sopravvissuta che l'ha conosciuta".

La Yourcenar volle proprio lei, Lidia Storoni Mazzolani, come traduttrice delle *Memorie di Adriano* - le cui ristampe non si contano più - dopo aver letto la sua traduzione dall'inglese di *Mario, l'epicureo* scritto nel 1870 da Walter Patter, maestro di Oscar Wilde, itinerario di un'anima che attraversa tutte le filosofie esistenti nel mondo culturale greco-romano nel II secolo.

Giardini e cultura classica. Libri e fiori: le sue passioni.

"Mi sarebbe piaciuto fare la fioraia, avere una bancarella e comporre creativamente mazzi. Adoro il *Delphinium*: eccetto i fiordalisi, è raro trovare un azzurro così tra i fiori".

La scrittrice porta con orgoglio i due cognomi, entrambi legati a una solida tradizione antifascista e anticonformista. Il padre, avvocato che difendeva gli antifascisti, fu un sorvegliato speciale insieme a tutta la famiglia, e tra l'altro costretto all'olio di ricino dagli stessi sicari di Giacomo Matteotti. Del marito, che fu assessore all'urbanistica di Roma, per ricordarne la ferrea incorruttibilità e le feroci battaglie contro l'abusivismo che gli costarono la salute, riporta la frase che spesso soleva dire: "Ma io a sentire tutti quelli che affermano di essere stati a scuola con me dovrei aver avuto almeno duemila compagni!".

Sette volte nonna e cinque bisnonna, attraversa epoche, luoghi, culture, paesi, personaggi con l'amabile disinvoltura e l'equilibrio conquistati attraverso la formazione umanistica e il contatto con il mondo della natura. Si sofferma con entusiasmo nella descrizione dei giardini della Cornovaglia, tra azalee, fucsie e primule, da poco visitati, o dei mazzi di gladioli e dalie sparsi nelle sale del Museo di Van Gogh in Olanda, di tale forza d'attrazione per gli occhi da riuscire a distrarre dalle opere. Per immergersi, letterariamente, subito dopo con un tuffo di secoli, nei giardini di Roma antica. Sorti nell'ultimo secolo avanti Cristo per influsso asiatico, quando nell'austerità romana fa la sua comparsa la gentilezza e la raffinatezza di influenza esotica, si trovavano sulla sponda destra del Tevere. Dal giardino di Clodia, la bellissima infedele amata da Catullo, a quello, immenso, di Cesare. Si dice che Mecenate fosse appassionato di fiori e avesse introdotto nel suo giardino l'arte topiaria. E, conservato fino a oggi, oggetto di grande stupore al Museo nazionale romano di Palazzo Massimo alle Terme, il giardino di Livia, moglie di Augusto. Il giardino dipinto, l'affresco che decorava una sala della villa, seconda casa del princeps a Prima Porta, chiamata Ad gallinas albas, alle galline bianche. In ricordo di un evento prodigioso riportato da

Plinio: un'aquila avrebbe lasciato cadere in grembo a Livia una gallina bianca che teneva nel becco un ramoscello di alloro, il quale attecchì formando un boschetto che diede origine al rito dell'incoronazione trionfale di Augusto e dei suoi successori. Sono stati trovati i vasi di coccio per moltiplicare le piantine muniti di fori per la fuoriuscita delle radici.
L'affresco, che corse gravi rischi - la stanza dove si trovava fu usata dai tedeschi come deposito di esplosivi - rappresenta un giardino metastagionale lungo tutte le pareti, con piante ad alto fusto e ornamentali, mescolate a melograni e cotogni, e cespugli fioriti nel prato.
E del resto, sorride la Storoni, rosa rosae non è forse la prima parola latina che si impara a scuola?
In età più arcaica, precedente il sorgere dei giardini, i boschi per i Romani contenevano divinità arcane, di cui si ignorava il nome, e che venivano denominate Dei incerti. A essi ci si rivolgeva con una preghiera propiziatoria quando si doveva tagliare un albero o addirittura il bosco, per timore di offenderli, con la formula Sive deo sive dea, sia un dio sia una dea, dal momento che erano sconosciuti.
La foresta Cimina, tra Ronciglione e Viterbo, era talmente fitta da essere, secondo Tito Livio, più densa della Foresta Nera, tanto che gli Etruschi, al di là del passo del Cimino, non si sarebbero mai aspettati che i Romani riuscissero ad attraversarla durante la costruzione della via Cassia. Ora i circa quindici ettari di faggeta del monte Cimino sono monumento nazionale, mescolati ai castagni secolari e alle querce, pianta indigena come testimonia la toponomastica locale.
I narcisi spontanei e molto profumati che fioriscono nella foresta Cimina ai primi di maggio sono gli stessi che Lidia Storoni ha diffuso, mescolati ai mughetti, nel suo bosco-giardino di quattro ettari in pendio intorno alla casa, a Caprarola nel Lazio viterbese, luogo di vacanza da almeno quarant'anni. A settecento metri di altitudine, ricco di castagni, di pini austriaci a imitazione di quelli presenti nello splendido parco del cinquecentesco Palazzo Farnese, nelle vicinanze, di noccioli e alberi da frutto. Con il panorama della val Tiberina avvolta in nebbioline di fronte e dei monti d'Abruzzo in lontananza.
Luoghi ancora arcaici, di pastori, dove sopravvivono tradizioni millenarie, come quella di sostituire il proprio nome segnato

nell'anagrafe perché si teme una maledizione. A Tuscania, ancora oggi, si mette in tasca al defunto una moneta da cento lire per il viaggio e un fazzoletto per le lacrime.
Davanti alla stanza da letto, dalla finestra aperta, si vede il monte Soratte.
Vedi come candido per la neve si erge alto il Soratte.
"In quarant'anni non l'ho mai visto una volta con la neve", commenta la Storoni.
Il famoso Soratte, quello dell'ode di Orazio. Proprio lui.

Lalla Romano - Il ritorno del luogo

Una bambina di poco più di due anni viene ritratta, sola, lungo una strada di campagna: cappellina di paglia in testa e mazzolino di fiori in mano. Si vede sul terreno l'ombra del cappello del fotografo, il padre.
Poi, d'estate, sul sentiero selvaggio, la cappellina per terra, e un piccolo mistero: il mazzolino che ho in mano non è selvatico. I fiori, piccoli e bianchi, sembrano preziosi, di giardino. Io rido, compiaciuta.
Queste parole della scrittrice piemontese Lalla Romano accompagnano una delle numerose immagini scattate dal padre Roberto, contenute nell'ultimo libro pubblicato, *Ritorno a Ponte Stura.* Sulla scatoletta che conteneva la lastra fotografica, Roberto Romano, appassionato fotografo di talento, aveva annotato per la prima volta, al posto di Graziella, Lalla.
"Il mio nome fatale, che mi accompagnerà sempre. È un nome liberty, e a me va benissimo".
Nell'ingresso della sua casa di via Brera a Milano, che si annuncia già dalla soglia per libri e quadri ovunque, dalle pareti ai pavimenti alle sedie e poltrone, campeggia un autoritratto del 1923 della scrittrice e pittrice, un carboncino su carta di forma ovale: gli occhi chiusi, i lineamenti giovanissimi e perfetti, i capelli - appena ondulati sulle tempie - raccolti sulla nuca. In una proiezione di sé che pare suscitata dalla definizione liberty, l'autrice si rappresentò in una immagine assorta e raccolta, simile ai fiori che aveva dipinto a olio, visti come attraverso un vetro o una nebbia di colore, al di là del tempo e della memoria. Nell'ingresso l'autoritratto con gli occhi chiusi apre un mondo, introduce un viaggio, come un cammino ripensato da una veggente.
Uno spinoso mazzo di Eringio ametistino da tempo ingiallito in un vaso sembra il contrappasso della femminile immagine sognante: in realtà è un altro autoritratto, ripensando alla definizione che di lei diede lo storico dell'arte Lionello Venturi: "Venturi era molto serio… poi concluse: - … lei è un cardo selvatico. - Fui come fulminata dalla precisione della metafora (ero contenta di essere un cardo selvatico)".
Cardi, così Lalla Romano ama chiamarli impropriamente, con un nome più suggestivo. Li raccolse Antonio Ria, l'amoroso compagno e assistente, fotografo e saggista, durante una vacanza nell'isola di Hvar.
…*scendendo, Antonio fa uno dei suoi miracoli più incredibili. Alla luce dei fari*

raccoglie un enorme mazzo di cardi (color luna dorata) e si punge moltissimo.
"La mia parentela con il cardo? C'è in me qualcosa di ribelle alle convenzioni", commenta appoggiata ai cuscini del divano, nella penombra che le è congeniale, come dimensione letteraria e ora anche fisica, da quando gli occhi non vedono quasi più.
Nelle fotografie del padre, esposte l'ottobre scorso in una bella mostra "Ritorno a ponte Stura" presso il Museo Civico di Cuneo, curata da Antonio Ria, insieme a dipinti, disegni, documenti con il titolo "L'ora del tempo - Lalla Romano a Cuneo", Lalla bambina appare sempre con fiori in mano. Con quell'aria da strappati, lei minuscola, lungo il sentiero selvaggio che da Demonte in valle Stura, paese d'origine, conduceva a Cornaletto Sottano, piccola frazione di case contadine dove il padre andava a caccia con Cino e dove abitava la balia Ciota.
"Avevo sempre dei mazzolini, era una mania, non me lo so spiegare".
Parole sulla prima infanzia da un tempo così lontano. Lalla e i papaveri, stretti con la mano nel lembo del grembiule.
"Mi piacevano così tanto che mio padre mi portò di notte in un prato di papaveri, e mia madre si seccò molto".
Ritrovo in lei il lampo ironico, la complicità severa e spontanea nel sorriso talvolta affaticato.
Un campetto incolto, sassoso, fiammeggiante di papaveri nella luce del mattino. Papà faceva fermare la carrozza. Si arrampicava fin lassù e coglieva un mazzo di papaveri per me… Provavo, al vederli, un'esaltazione. Papà trattava con rispetto quel genere di passioni di me bambina.
Che giardino, che profondo sentimento della natura nel suo romanzo forse più famoso *La penombra che abbiamo attraversato.* Storia di un ritorno al paese natale di Demonte, dove si parla ancora la lingua occitanica, attraversato dal torrente Cant, poco distante dal fiume Stura, tra le montagne di una valle nelle vicinanze di Cuneo. Il titolo proustiano allude a un viaggio temporale, quello ambiguo verso la propria infanzia che è distanza, lontananza sfuggita e anche attualità presente dell'essere, come il nocciolo dentro la pesca matura. Grazie a una scrittura concisa, asciutta, quasi reticente, il ricordo si manifesta come un insieme molecolare di tracce segnate dalla consapevolezza del loro esistere in penombra.
In nessun'altra valle vicina o lontana c'è quell'aria. Io la riconosco all'odore leggero che sa di latte, di strame, di erbe amare. Ma non è un odore, se non dopo… Mi

tormenta, anche: per qualcosa di irraggiungibile, ma anche di fatale.
Dentro quell'aria c'è la casa di Lalla Romano, con una targa posta dall'Amministrazione comunale di Demonte nel 1999, "lunga e bianca, con la lunga fila delle finestre". Ci sono le sue montagne, severe, in bianco e nero come nelle fotografie del padre. La montagna che la scrittrice definisce tragica e materna, attraverso un ricordo iniziatico, legato alle prime esperienze montanare da bambina, "mi lamentavo che c'erano troppi sassi sul sentiero. E mio padre mi rassicurava dicendo che avrebbe chiesto al messo comunale di andarli a togliere per farmi passare".
Dentro la penombra ci stanno gli orti con i fiori che hanno una faccia, come le viole del pensiero e i non-ti-scordar-di-me dai "piccoli occhi attoniti"; dove si offrono all'ammirazione le fioriture celesti della borragine dalle foglie pelose, c'è il giardino segreto e proibito, luogo di tentazioni, con aquilegie e violacciocche, circoscritto da siepi di ribes, che non si poteva toccare.
"Quel brillio rosso lungo le siepi rendeva quasi incantato il giardino".
Ma i giardinieri tradivano i padroni, racconta Lalla Romano oggi - come se avesse interrotto poco fa la scrittura del romanzo - regalando alla bambina mazzi di fiori con dentro rami di ribes. Ci sono i garofani selvatici raccolti "tra le croci nere e le alte erbe che coprivano il Camposanto" e i fiori dei luoghi incolti, il verbasco dal fiore giallo e la cicoria azzurra, quelli dei luoghi polverosi, convolvolo pallido e segala nana. L'odore dei narcisi, "così intenso che riusciva aspro".
Il giardino di Lalla Romano è continuato in via Brera. Fino a quando sono sopravissuti i ciliegi, nel praticello fuori dalla cancellata "mi piace guardarli di sotto in su, i ciliegi... Poiché su di essi, al tempo dei frutti, si avventavano i ragazzi, con la loro gioia vandalica (della quale io stessa mi sono più volte macchiata, ubriacata)", l'autorità comunale all'inizio intervenne con l'asportazione delle ciliegie ancora verdi, poi fece abbattere addirittura le piante.
Lalla Romano non vorrebbe mai che il "Giardino delle tentazioni", ora squallidamente anonimo, fosse sostituito da ciliegi ornamentali, sterili sosia senza anima. Anche *...l'albero senza nome, il più caro, scomparso... troppo lontano perché potessi riconoscere le foglie...,* incontro quotidiano al di là dei tetti, radicato forse nell'Orto Botanico, faceva parte del "suo giardino". *Quando sparì, mi sono trasportata dall'altro lato del tavolo. Per non vedere quel vuoto.*

Antonia Pozzi - L'ascesi del luogo

Nella stanza di Antonia Pozzi, a Pasturo in Valsassina, dentro un cassetto è custodita, bene avvolta in una scatoletta, la cinghia che legava i libri della scuola. Proprio quella della poesia *Limiti*, scritta nel 1932 all'età di vent'anni: *Tante volte ripenso/ alla mia cinghia di scuola/ …che tutta me coi miei libri serrava/ in un unico nodo sicuro-/ Né c'era allora/ questo trascendere ansante/ questo sconfinamento senza traccia/ questo perdersi/ che non è ancora morire-/ …*
La cinghia è dunque immagine di un limite positivo, mentre in un altro testo poetico, *Rossori*, il cancello che separa il giardino di casa dal sentiero che sale alla Grigna assume il significato di barriera scomoda e opprimente. Antonia, di ritorno da una passeggiata con un mazzo di bucaneve in mano, richiude il cancello alle sue spalle per sfuggire alla curiosità dei figli dei contadini che l'avevano aspettata. Ma di fronte agli *occhi tondi di passeri* dei bambini *avvezzi/ ad entrare, ad uscire/ …senza smuovere mai/ l'enorme catenaccio arrugginito…* rimpiange quella libertà.
Così si dipana la breve vita di Antonia Pozzi - insofferente delle apparenze - tra anelito all'assoluto e vana ricerca di radicamento, riflessa in tante sue poesie, come in *Ninfee* (1933): *…ninfee-/ con le radici lunghe/ perdute/ nella profondità che trascolora-/ …anch'io cresco dal fondo/ di un lago - colmo/ di pianto.*
Era nata nel 1912 da una famiglia dell'alta società milanese: il padre Roberto, ricco avvocato di grido, possessivo e molto legato ai riti del conformismo borghese; la madre, l'aristocratica Lina Cavagna Sangiuliani, discendente di Tommaso Grossi.
Il progetto della sua educazione è ben costruito. Liceo Manzoni, la laurea in estetica, gli studi di pianoforte, la conoscenza di tre lingue, approfondita con prolungati soggiorni in Inghilterra, Austria e Germania, talora forzati dalla famiglia, nel tentativo di allontanare Antonia dall'amore ostacolato per il suo professore di latino e greco, che la segnò con l'irreparabile frattura tra realtà e 'vita sognata'.
Oltre ai numerosi viaggi, testimoniati dalla sua grande passione per la fotografia, Antonia viene avviata a un'intensa e varia attività sportiva: alpinismo, tennis, uscite a cavallo nella proprietà di Pasturo. Ma alla montagna, dalla Grigna al Cervino, alle Dolomiti, espressa in diari, lettere e poesie, essa affida la propria affinità elettiva.
Salire, stare sopra. Osservare dall'alto e verso l'alto. Si arrampica

talvolta anche sui pini del giardino per distaccarsi, non partecipare a feste formali, lei che a Milano presta aiuto nella casa degli sfrattati di via Cinquecento e avverte come insopportabile il peso del regime e della minaccia imminente.
La montagna come avventura dello spirito, la Grigna, una specie di petrarchesco Monte Ventoso alla ricerca di sé. Vi sale molte volte, anche di notte. *Sabato notte, con una luna che inondava tutta la valle, sono salita sulla Grigna, ed ero lassù prima dell'alba, sola sulla vetta, sotto il sorriso gelido delle ultime stelle…*, scrive a un'amica. …*Lassù nei turbini bianco-azzurri del sogno, col corpo mi si è rinforzata l'anima…*
Tensione metafisica e bisogno di essenzialità spingono Antonia verso l'emblema ascetico per eccellenza, le cime. Così si esprime a soli diciassette anni: …*E noi strisciamo/ sull'ignota fermezza: a palmo a palmo,/ con l'arcuata tensione delle dita,/ …con la fame/ dei predatori, issiamo sulla pietra/ il nostro corpo molle; ebbri d'immenso,/ inalberiamo sopra l'irta vetta/ la nostra fragilezza ardente…*
Anche il giardino della settecentesca casa di vacanza dei Pozzi dove Antonia trascorre lunghi periodi, a Pasturo, tra le montagne sopra Lecco, luogo di pascolo, come dice il nome, si protende alla salita. Oltre il prato fiorito di ranuncoli, oltre tigli, platani, tassi, si vedono soltanto i monti e, a chiudere il panorama, la Grigna dietro la quale sprofonda il tramonto. Il torrente Carriola che scorre al di là del muro riempie gli spazi con la sonorità vitale strappata alle montagne.
Entra anche nello studio di Antonia, *la stanza tutta per sé*, per usare la nota immagine di Virginia Wolf. Con la finestra bassa e larga, affacciata sul giardino e la Grigna, le pareti rivestite di legno, lei stessa lo definì simile a una baita alpestre. *È tanto lontano dalle altre stanze, che non vi giunge nessun rumore della casa…*, soltanto l'acqua del torrente. E la luce del pomeriggio che porta dentro il verde dei prati.
Suor Onorina Dino - della Congregazione del Preziosissimo Sangue cui la famiglia Pozzi lasciò in eredità la casa - curatrice e studiosa dell'archivio e dell'opera di Antonia Pozzi, con grande disponibilità è venuta quassù per aprirmi quella porta. Un momento di intensa tensione emotiva, con la fotografia di lei in bianco e nero incorniciata sopra lo stipite, lo sguardo rivolto a chi entra, la pettinatura alla moda di Berlino, di cui l'espressione un po' reclinata e malinconica non pare molto convinta.

La stanza è calda e vibrante di messaggi e di evocazioni. La piccola culla di legno. Le bambole, vestite di bianco lavorato a uncinetto, siedono sulle poltroncine, l'orsacchiotto di peluche sul divano davanti allo scrittoio sul quale sono posati i quaderni con i ricordi adolescenziali degli amici, il calamaio, la penna. Le pareti rimaste libere dalla ricca biblioteca di Antonia sono piene di fotografie, a soggetto per lo più alpino oppure di viaggio, da lei scattate, e di immagini dell'arte classica greca e romana. In un angolo, gli sci di legno ai quali sono appesi gli zaini da montagna di stoffa beige e le vecchie racchette di bambù e cuoio sembrano comporre una scultura moderna e surreale.
Dentro una cornice sta la bella copertina, disegnata da Cascella, per la prima edizione delle poesie *Parole*, del 1939, voluta dal padre, che scoprì i quaderni e ne censurò con abrasioni e cancellature alcune parti, per dare al pubblico l'immagine di Antonia secondo se stesso. L'edizione Mondadori del 1964 uscì con la prefazione di Eugenio Montale, e l'ultima, di Garzanti, del 1998, completa di inediti, ha il pregio, grazie a Onorina Dino e Alessandra Cenni, di aver restituito, con rigore intellettuale e pazienza artigiana, il testo originale della poetessa.
Dalle poesie si intuisce che con la morte Antonia Pozzi sembra aver convissuto sempre. In modo quasi animistico, senza cerebralismi, avvertendo il tempo-stagione che scorre e, contemporaneamente, essendone fuori: *Io posso cogliere i mughetti/ mentre tu dormi/ perché so dove crescono./ E la mia vera casa/ con le sue porte e le sue pietre/ sia lontana,/ né io più la ritrovi/ ma vada errando/ pei boschi/ eternamente-/*...
La mattina del 2 dicembre 1938, il paesaggio intorno all'Abbazia di Chiaravalle, fuori Milano, era spruzzato di bianco. Lì, sulla neve, accanto alla sua bicicletta, dove si era sdraiata dopo aver ingerito pasticche, la trovò un contadino, inanimata ma ancora viva. Morì il giorno dopo. Il preside dell'Istituto Schiapparelli presso cui Antonia insegnava, accortosi del suo malessere, le aveva dato il permesso di uscire. Salutò i suoi allievi uno per uno, poi scivolò con la sua bicicletta, già anima leggera, verso la pianura, lei che amava le montagna, per avvicinarsi all'Ade.
Desidero di essere sepolta a Pasturo, sotto un masso della Grigna, fra cespi di rododendro. Mi ritroverete in tutti i fossi che ho tanto amato...
Mentre dalle sbarre del cancello che chiude il cimitero di Pasturo guardo la tomba in lontananza coperta dalle rocce rosse, questi versi

mi piacerebbe fossero scritti là sopra: *Con uno smunto sorriso i colchici/ chiedon perdono d'essere nati-/ amari/ per la sete delle farfalle-/ nudi/ per le dita dei bimbi-/ Giù dai castagni piombano/ i ricci duri-/ trafiggono nel tonfo i gracili/ tristi fiori.*

Indice

Finito di stampare
nel mese di giugno 2011
Centro Stampa DIGITALPRINT - Rimini